望江柏拉图研究论丛
顾问 Luc Brisson
主编 梁中和

PLATON, LES MOTS ET LES MYTHES:

Comment et pourquoi Platon nomma le mythe?

柏拉图：语词与神话

［法］［加］吕克·布里松（Luc Brisson） 著
陈宁馨 译

华东师范大学出版社

华东师范大学出版社六点分社　策划

国家社会科学基金青年项目：
"早期柏拉图主义哲学文献翻译与研究"（编号16CZX044）
阶段性成果

"望江柏拉图研究论丛"出版说明

顾问:Luc Brisson

主编:梁中和

公元前387年柏拉图(428/427BC-348/347BC)创建学园从事教学,培养出亚里士多德、斯彪西波、色诺克拉底等著名学者,后来经历老学园柏拉图主义、中期柏拉图主义到新柏拉图主义兴起,众多杰出的学者在学园和柏拉图主义感召下接受哲学教育,一直持续到公元529年基督教帝王为统一思想而关闭学园,历经900载。

此后柏拉图学园传统在西方中断了近千年,文艺复兴最重要的柏拉图主义者斐奇诺在美第奇家族的支持下,于1462年恢复了关闭已久的柏拉图学园,他将美第奇家族赐给他的卡尔基庄园布置得像柏拉图的老学园一样,莽特维奇(Montevecchio)的石松林就相当于柏拉图老学园的普拉塔努斯(Platanus)树林,而泰兹勒(Terzolle)河就相当于老学园的开菲斯(Cephissus)河。在学员们聚会的大厅墙面上镌刻着各种格言,比如"万物来自善归于善"(A bono in bonum omnia dirigentur)、"切勿过度,免于劳碌,喜乐当下"(Fuge excessum, fuge negotia, laetus in praesens),大厅里还有一尊柏拉图的塑像,像前点着长明灯。

斐奇诺效仿柏拉图,在自己家中接待友人,被接待者被称为"学员"(Academici),他们的导师被称为"学园首席"(Princeps Academicorum),他们聚会之所叫作卡尔基学园。随着斐奇诺名声日隆,他被称作"再世柏拉图"。后来随着学园中的导师增多,学员也逐渐分化成了斐奇诺派(Finciniani)、皮科派(Pichiani)和萨沃纳若拉派(Savonaroliani)等小团体。斐奇诺还成立了"柏拉图兄弟会"(fratres in Platone),其成员也就是"柏拉图的家人"(Platonica familia),他们相互问候的话语是"因柏拉图之名祝好"(Salus in Platone)。入会的条件是博学、道德高尚、和斐奇诺保持友谊。斐奇诺在一封给友人的信中说他的兄弟会有 80 个弟子和朋友。

2010 年 7 月,我们在成都望江楼公园发起了"望江柏拉图学园",望江楼是唐代遗迹,紧邻锦江,就像老学园旁有开菲斯河;园中还有茂密的竹林宛若老学园的普拉塔努斯树林,公园免费对外开放,人们在里面漫步、纳凉、品茗都十分适宜。我们正是在这里,开始了系统地对柏拉图对话的研读和讨论。10 年来,前后有 100 余名学员在这里学习、交流,后来有些远赴重洋,有些在国内诸多著名高校继续相关研究,他们的学科背景和研究所涉及的学术领域包括哲学、数学、文学、历史、法律、宗教、艺术,等等,他们中有很多人在经历了柏拉图思想的教育后踏上了继续探寻真理与意义的道路。

目前,望江柏拉图学园的主要活动包括:每年举行柏拉图诞辰与逝世(11 月 7 日)纪念活动;柏拉图对话的阅读与解释;柏拉图主义著作集体翻译与解读;柏拉图式对话训练;组织与柏拉图对话相关主题的讨论;相关影视作品放映和赏析;面向四川大学本科生开设阅读柏拉图经典对话的文化素质公选课。学园组织的系列讲座和论坛有:ΦΙΛΙΑ 讲座(学界同仁来学园的免费交流讲座);ΣΟΦΙΑ 系列专题讲座(邀请学者来学园做的系列专题讲座);

ΑΛΗΘΕΙΑ古希腊哲学论坛（定期召开的全国小型专业学术论坛）；ΦΙΛΑΝΘΡΩΠΙΑ文艺复兴思想论坛（不定期召开的全国小型专业学术论坛）；ΠΑΙΔΕΙΑ系列专题讲座（针对特定人群开设的哲学教育讲座）；ΙΔΕΑ哲学通识论坛（不定期举行的哲学主题沙龙）。（详见学园官网http://site.douban.com/106694/）

本论丛是继学园主编"斐奇诺集"之后新开辟的译文和著作集，为的是发表和翻译国内外柏拉图研究方面的经典或前沿著作，为更广大的人群，从不同方面、不同领域接触和了解柏拉图思想，为柏拉图思想在中国的传播做出一点努力，也希望人们通过柏拉图的思想，爱上思考，爱上智慧。

因此，我们也同时欢迎和邀请学界和社会上所有感兴趣的专家、学友，同我们一起撰写、翻译和推荐优秀的著作、译作，我们会酌情考察、采纳乃至出版。

成都·望江柏拉图学园
2019年11月7日

目　录

中译本前言 /1
导言 /1

第一部分

第一章　信息 /3
第二章　传播的手段 /13
第三章　创制 /33
第四章　讲述 /44
第五章　接受神话 /61
第六章　模仿 /66
第七章　说服 /78

第二部分

第八章　神话之为话语 /95
第九章　对立：神话/可证伪的话语 /98
第十章　神话与论述性话语之对立 /126

第十一章 神话的功用 /132
第十二章 对寓意解读的反驳 /141
第十三章 柏拉图对"MUTHOS"的衍生用法 /149

附　录

附录一　柏拉图著作中"MUTHOS"一词使用索引 /159
附录二　"MUTHOS"的衍生词以及柏拉图著作中
　　　　由"MUTHOS"构成的复合词 /166
附录三　柏拉图、古希腊神话中角色及事物的专有名词 /181
附录四　《法义》中的神话与序文 /185

跋:神话与知识 /187
参考文献与研究 /203
后记 /204

中译本前言

衷心地希望,将本书译作中文,能够促进两种文化之间的联结。

神话,这一种话语,柏拉图首次以"*muthos*"之名称呼它,它是佚名者们对过去的讲述,这些故事在一代又一代人之间传颂,传递了被我们称作"文化"的东西;具体言之,就是种种实践,是知识,是传统,也是集体所奉行的规则——在本书中,这一集体特指古希腊。它是土壤,科学、历史及哲学等追求真理且更为缜密的话语(*logos*),在它之中孕育出自己的根系。正是通过"神话"之中介——虽然它既非真,也非假,但是确为群体中的每一位成员所熟知——一个群体得以定义自身。神话话语叙述那些多少有些奇幻的过往,提出行为的模范,并由此引出整套的价值系统,在某种意义上,这些故事实际上实现了历史的价值。

我们可以以赫西俄德的《神谱》及《工作与时日》作为神话传说的典型例子,在柏拉图生活的古希腊世界中,它们是最广为人知的。

起初是混沌(Chaos),大地(Gaia)与爱欲(Eros)。大地之中,诞生了和她一样广阔,足以覆盖她的乌拉诺斯(Ouranos),繁星满布的天穹。在乌拉诺斯与盖亚的怀抱之中,提坦及他们的姐妹们诞生了。然而，乌拉诺斯却阻止自己的孩子们见到天日。于是，克罗诺斯(Kronos)阉割了乌拉诺斯，将兄弟姐妹们放了出来。接下来，故事来到了克罗诺斯时代，他为了稳固自己夺来的权利，吞食自己的孩子，结果中了妻子瑞亚的诡计，误将一块包裹在襁褓里的石头当作宙斯，吞了下去。宙斯借机释放了被父亲吞食的兄弟姐妹，从而在对抗提坦及克罗诺斯的大战中大获凯旋。克罗诺斯的父亲被自己的儿子阉割，但是他依然重蹈了乌拉诺斯的覆辙，依赖强力进行统治，因怒火而挑起战争，而宙斯则牢牢攥紧了王位，并开始了正义之治。宙斯对权力进行了划分：他统领天空，波赛冬是海洋的主宰，而哈德斯则分得了地下世界。在这一份神谱中，我们可以找到与其他神谱相通的特征：首先，存在之物都源自于初始的无序，混沌——也就是万事万物从中浮现的那个无形式的环境——而后，它们会经历一个区分彼此的过程。在这一过程中，在诸神、世界与凡人之间，一个稳定而又清晰的秩序建立起来，虽然它来自哪里不得而知，但从此无一物可撼动它。

这一稳定而清晰的秩序得到了血祭的明确与保障。在传统宗教之中，祭礼伊始自普罗米修斯，多亏了他从诸神那里偷来火种，并将火种带给了人类，地与天之间的交流才步入正轨；当然，祭礼也以其特殊的形式，重申了诸神与人之间断然的区分。在牲祭中，人们根据参与者的社会重要性来分享肉食，燃烧兽骨与脂肪产生的烟、肉类的香气则弥漫上升到诸神那儿去。除此之外，血祭总是需要烹饪技艺的参与，这也使得人类与动物区分开来：血祭拒绝生食(omophagia)。

通过这个故事，人类得以在诸神与兽类之间找到自己合宜的位置；它也勾勒出了人与比自己更有力的存在——诸神——之间的宗教联系，人类通过献祭特定的牲畜以维系这种联系；另外，它还表达出正义(justice)的要求。对于《伊利亚特》或者《奥德赛》，我们也可以运用同样的解读方式。归根结底，我们可以将那些描述古时候的希腊悲剧看作是对神话的再创作,其目的就在于彰显城邦的价值观。譬如,关于底比斯城的那一系列悲剧就是以此为语境,俄狄浦斯传说是其中的一个片段。这样一来,我们就可以理解,为何神话与教育有关——这里的教育指的是普遍的教育,而非专门的教育。神话为公民们的行为提供了一个模型。或许可以说,当今时代的电影与电视剧实际上也如此,少数的影视公司为整个世界提供了行为的模型。

话说回来,或许与我们想象的不同,muthos 与 logos,这两种话语所包含的真理之价值并不是完全站在对立面的。在 muthos 与 logos 之间,非但没有断然的裂隙,反而包含着一种连续性,而这种连续性也是需要被我们不断挑战的,如此我们才能够确定,在何种程度上,神话话语是真实的。我们每个人或许自打孩提时期起就深有体会,神话时常充当着一种协助控制的威慑工具。它根据集体所共同接受的规则,塑造着每一个个体的行为。对于神话而言,这种表现力实际上比它本身究竟是真是假更为重要。简而言之,对于统治者们而言,神话是为既定集体建造秩序及和平的工具。但是,反过来看,如果在某一个集体之内,神话成为了一个党派对抗其他党派的工具,那么可怕的公民战争或许就会降临。除此之外,神话也可被用来挑起对外邦的战争。

本书将为读者描述柏拉图对待待神话这一复杂主题所持的态度,这种态度至今仍是有意义的。

柏拉图可被视作为所谓"哲学"的始点,这种观点首先在古希腊,开始于公元 4 世纪,随后又扩散至世界上其他受希腊文化影响的地区。然而,在这种背景下,柏拉图实际上持有两个反常识的立场:1)我们通过感官而感知到的事物,仅仅是那普遍的、不动的现实之影像,后者只能通过我们灵魂中最高的部分——理智——而被认识。2)人类的同一性(identity)并不在于其肉体,而在于其灵魂,灵魂推动肉体,同时也掌控着一切认识机能。而且,灵魂是不朽的，所以，在柏拉图轮回说的语境下，灵魂可以从一个肉体去往另一个（人类的或动物的）肉体。对于柏拉图而言，只有在政治的语境下，这两条信念才有可能得到辩护。这也就是为何他在《理想国》（十卷）与《法义》（十二卷）之中，提出了两种政治体制的模型。教育，是柏拉图城邦的根基，因此柏拉图希望将它从诗人的掌控之中解放出来，是以他援引了许多诗人的神话，并将它们改造得可为己所用。

对柏拉图感兴趣的中国读者们起初会觉得自己陷入了一个与其原本文化相去甚远的文化宇宙（cultural universe）。但是，他将很快从中发掘到一些自己熟悉的元素：神话、宇宙运行方式与社会政治组织之间的关联、不寓于肉体层面的人的同一性概念，以及轮回说与素食主义等等。读者或许此时会将柏拉图与老子、孔子以及佛祖进行一番比较，从而原先经由不同的人群所形成的两个文化宇宙之间终于产生了交点，而人们需要文化本就是为了尽可能地共同生活。

吕克·布里松

导　言

在法语以及许多其他欧洲语言中,"神话"一词都来源于古希腊语中的"*muthos*"。古希腊语曾经经历过一系列历史变化,期间许多与"言说(say)"或"话语(speech)"相关的词语都发生了改变,*muthos* 一词的含义也随之产生了变化,而柏拉图生活的时代恰逢这场历史变革的高潮——事实上,正是柏拉图最终在其原义及广义上确定了 *muthos* 一词的完整意义。

Muthos 的原初含义

当柏拉图在原初意义上使用 *muthos* 时,他完成了两个任务:一个是描述性的任务,另一个则是批判性的。借助 *muthos* 一词,柏拉图描述了一种独成一格的话语实践,最初是诗人创造了这种话语实践的独特形式。从这个角度看来,所谓神话,其实就是诗人们所创作的故事,他们将集体所希望留存下去的那些记忆进行信息的重新组织,并赋予它们一个特殊的形式。这就解释了为何柏拉图认为神话是传统的工具——传统利用神话来传达价值,并提供一些代代相承的解释。不过,与此同时,柏拉图也曾给予神话以消极的评价——神话与另一种更高级的话语实践相比就相形见绌了:这种话语就是哲学。

对柏拉图而言 *muthos* 是什么

神话在谈论什么？神话总是关于"超越性事物"(beyond)的，它或发生在距今甚远的过去，或发生在故事的讲述者及其听众所栖居之地遥不可及的远方。在《理想国》卷二及卷三中，柏拉图枚列了神话所指涉的五类实体：诸神，精灵(daimons)，英雄，哈得斯的住民，以及过去的人。在任何意义上，这些神话事物都无法为感官知觉捕捉到。在柏拉图的著作中，这五种存在都处于灵魂的管辖之下。既然这些实体无法通过感官而把握，那么两个问题会自然浮现——为什么要如此频繁地谈论这些不可能作为经验之对象的实体呢？以及，对于这些虚幻的存在，要如何进行描述和定义呢？

对于第一个问题，本书不太可能给出一个令人满意的答复。因为这个问题的涉及面太大，要回答它，我们必须对宗教现象进行整体而细致的研究。考古学和历史学的证据似乎都告诉我们，人类总是注视着一个"超越性事物"，将它视为本体论意义上的至高者，并借此提出一些原则，来解释我们所生活的世界是如何起源，又如何发展的。人们将目光投向神话，一方面是希望通过依靠它，确保自己的种种行动最终能戴上胜利的王冠；另外，更重要的是，人们需要借助神话来解释自己的存在之短暂。为了贯彻这个策略，就必须保证，可感世界与想象出的那个超越世界之间不能存在根本的断裂，二者之间的那一丝缝隙应当可以被诸如先知，歌者或诗人的中介者填补上。

为了使得这些虚幻的存在栩栩如生，也为了召唤出那些"超越性事物"，诗人们首先创造出的故事，往往会通过言语，描绘出居住于另一个世界的存在者。诗人完全地将自己等同于这些存在物，以至于同自己原本的身份疏远开来。他们想象那些存在会说什么话、会发出怎样的声音,然后从自己的口中说出。他们甚至在肉体的层面成为这些存在——他们为自己戴上面具,然后摆出那些存在者会有的体态与姿势,并编排歌舞令这些姿态富有节奏。在召唤"超越性事物"时,诗人及其诠释者们在剧院或圣所中,会充分地调动自己的躯体。

诗人及其诠释者们之所以会进行模仿活动,归根结底是为了激发公众对这些超越性存在的认同。然而,渐渐地,诗人这种改变民众行为的意愿产生了一个伦理上的难题。这正是事情的症结所在,任何一位诗人,尤其是荷马,都可以同时被看作是一位真正的教育者,因为他们希望以自己所召唤的超越性存在为模型,来改变听众的行为。事实上,诗人们通过举出各种正例、反例,不断对公众提出的一个强烈要求,即是遵守城邦的法律。这些法律本身就是建立在神话之上的。诗人与集体属于同一战线,他们塑造城邦公民的灵魂,通过说服,最终令社会成员们服从于同一个价值系统。为了达到这个目的,诗人会使用模仿的方式,而模仿往往诉诸于感性、欢愉,以及敬畏。于是,为神话所说服的人就会纷纷地交付出自己的自由,因为他们在自己并没有完全意识到的情况下,正依据着那个一脉相承的价值系统,改变自己的言行,而这种价值系统其实是外于他们的。

社会共同体将那些属于遥远过去的记忆保存了下来,并以口口相传的方式将其存留,而神话就是传递这些信息的一种话语形式——总的来说,对柏拉图而言,这就是"神话"一词的真义。无论这种话语是否曾经过那些在集体记忆及沟通方面的专家——譬如诗人——的精心阐发,这一点都不会改变。当然,在绝大多数时候,集体往往还是选择诉诸于诗人,因为唯有诗人可以赋予这种话语形式以稳定性和延续性。在这个交流过程的每一个阶段,都有模仿的介入,无论是在制造神话的层面,还是演绎神话的层面。这样一来，通过对话语的组织，神话中展现出的范例就决定或影响着听众的行为，尤其是道德行为。这个意义上，诗人就是集体及其价值和解释系统之间的中介者。凭借着传递神话，集体为自身树立了一个模范。无论是对于集体本身，还是其中的个人而言，神话都在关于存在的每一个领域确定了一个基准点，更甚者，它们还解释了诸神，世界，人类以及社会的源起。集体和个人都有自己不能够回答的问题，而神话则为这些问题提供了答案，但是这些答案都仅限于说明，因为神话既不接受质疑，也不允许解释。因此，神话对于认同它的人并不是"神话"。只有对于站在神话之外，并质疑其合理性的人，神话才成为"神话"。进一步讲，这点是非常有意义的：当神话出现在柏拉图的对话中时，讨论都行将结束，唯一仍然在发言的，就是神话的讲述者，他坚信自己所讲述的。

柏拉图对 *Muthos* 的批判

就其本质而言，神话中存在着许多内在的缺陷：

1. 神话所传递的信息是不可证伪的。神话所讲述的故事都发生在遥远的时间或空间里——譬如，哈得斯——这样一来，我们根本无法验证这些信息的合理性。因此，神话属于相似性的范畴（category of likely），而不属于确定性的范畴（category of certitude）。出于这样的原因，神话所能依凭的仅仅是包含在其中的说服，以及它所激发的敬畏——它并不包含任何合理的证明。

2. 因为神话在传播的各个阶段显然是会演变的，纵使这种演变非常缓慢，但最终会使得迥异的元素在神话中积累成相当的数量，它们互不协调，或令人惊诧，或显得荒诞滑稽。

3. 神话需要为可感世界提供解释，也需要为现实社会传递着价值；但问题在于，它同可感世界与现实社会之间的关联实在太过紧密了。神话涉及到的那些角色——诸神，精灵，英雄，哈得斯的住民以及过去的人——全都有着人类的外形,其言行也与人相似。因此,神话实际上并不触及普遍性,它的范围仅限于描述那些属于既定集体中、不具普遍性的个人。公元前六世纪的色诺芬尼已经指出过神话的这种缺陷:黑色人种信奉的神有着黑色的皮肤,而希腊北部以及高加索地区的人们所信奉的神明却肤色白皙,金发碧眼。另外,神在道德方面本应高于人类,但是他们的行为有时却比人类更糟糕:他们偷窃,行骗,说谎,强奸,内讧等等。神话之缺乏普遍性,要么会导致不同传统之间的冲突,要么会引起人们对神话的总体怀疑。

4. 神话只是一种叙述,它讲述故事。它不使用推理演绎的方式,因此它也不会发展出连贯的论证。它作为一种话语,其各个部分之间并不是根据某种严格的规则联系的,而逻辑恰恰需要在这些规则之中才能够浮现。神话的各部分只作为一个特定的、原始的过程之功能而相互联系,其中动作或反应前后相继;它们被编排在一个更大的叙述结构中——一旦先前的平衡被打破,很快又有新的平衡重新构建出来。

5. 所以,神话并不与理智对话,它总是诉诸于感情,而且它尤其会利用人类与动物在感情上相同的那部分,即关于快乐与痛苦的感受。神话之目的是要改变人类的行为,但它的方式并不是严格意义上的教育,它总是通过模仿来达成目的,这使得它与魔法及咒术显得有些类似。

广义上的 *Muthos*

当我们不再在 *muthos* 的原初意义上使用它,而是在一个更广义的层面使用它的衍生义,那么此时 *muthos* 的含义将包含前文提过的所有缺陷。在广义上,神话指一种话语——但无论是在形式方面,还是在内容的排列方面,它都不那么严格——它传递着一些不具有可证伪性的信息,并且在传递的过程中,不诉诸于确定性,而诉诸于信念,但它的说服效果却很强。在本书的讲述中,我们将在广义上使用"神话"一词,因此我们应当理解,神话之中那些未经澄清的,甚至无法证明的说法,完全是为了说服而提出的;也就是说,神话并不执着于真相。

Logos 的定义

追随之前的很多思想家,柏拉图揭示出神话包含的许多缺陷,并用哲学的话语——logos——来与神话相对照。logos 是一种只以理性为根基的话语,换言之,logos 完全不依赖经验,它要求确定性与普遍性。为了达到这个目标,logos 发展出了柏拉图同时代的数学家们(在几何学家那里尤其典型)所提出的那种证明方式:演绎法。

不过,归根结底,柏拉图还是现实的。他非常清楚,哲学只诉诸于理性,所以它的适用范围只限于社会乃至人类中极小部分的人。因此,为了让社会与人类中的大多数信服,为了能够抑制住诸如快乐与恐惧这样强有力的感情,哲学家就必须求助于这种精妙的说服工具:神话。当演绎法遇到瓶颈,它就暂时地放下理智,并回到神话。而且,因为柏拉图本人拒斥寓意解读——那是一种迫使传统神话与哲学理论相符合的解读方式——他选择诉诸一种更彻底的解决方式,其原创之处也在于此。他建构出了全新的神话,其中固然包含了许多传统的因素,但同时也满足了他自己提出的特殊要求。

第一部分

第一章 信 息

　　神话所讲述的从来都不是发生在近现的事情;它通常追忆集体记忆里的那些故事,这些故事都源远流长,经由数代人口口相传而保存下来。在浩瀚的历史事件中,一个集体究竟是根据何种标准去选择那值得留存下来的特殊事件呢?——如果想要定义"神话",我们首先应当弄清楚这个问题。

　　并不是所有的事件——无论它是真实的,抑或是虚构的——都能在流传的过程中演变成神话。一些事件在小范围内为人所知,一些事件则在整个集体中都广为流传,但是它们大部分都很快就为民众所遗忘了。只有小部分事件,集体努力地希望将它们铭记。

　　远古雅典与亚特兰蒂斯之间的那场战争就是一个这样的例子,它是一段被保存下来的记忆,对话中 *sōizo*①(保存)与 *diasōizō*②(忠实地保存)等动词的使用强调了这点。另外,对话中大量的与记忆相关的词汇也说明了这一点:*mimnēiskomai*③(记得 se souvenir), *anamimnēiskomai*④(想起 se remémorer), *epimimn*-

---

① 《蒂迈欧》22e4,23a5;《克里底亚》109d3。
② 《克里底亚》110a7。
③ 《蒂迈欧》21c3,23b6,26a2。
④ 《蒂迈欧》26b1。

*ēiskomai*①(忆起 se remettre en mémoir），*a pomnē-monenō*②（想起一段回忆 rappeler le souvenir），*diamnēmoneuō*③（清楚地记得 se rappeler avec précision），*ekhōmnemeion*④（留作回忆，留在记忆中 subsister comme souvenir, rester en mémoir）。

在这个例子中，"回忆"更倾向于集体回忆⑤，而非个人回忆⑥。虽然如果没有个人记忆，也就不存在什么集体记忆；但是，如果一个事件要在漫长的时间中流传下来，那么在该事件发生的历史时期，就必须有足够数量的个人去将它传递给下一代。⑦

个人记忆往往短暂而多变，而上述的两个条件则能缓和这个问题。克里底亚非常巧妙地谈过这个问题：

> 克里底亚：苏格拉底，我已经简略地说完了，老克里底亚从梭伦那里听到，然后转述给我的故事。但你昨天说的，关于你的城邦和它的公民，让我想起了我刚刚重复的故事，而且我惊讶地发现，因为某些神秘的巧合，你所说的几乎与梭伦一模一样，但我昨天并没有说出来。隔了这么多年，我已经忘记了很多细节；我想我应该先在自己脑子里把这段故事过一遍，然后才能说出来。所以昨天我十分乐意同意你的要求，我想我们最大的困难就在于找到一段与我们讨论目的相符合的叙述，而我的这段叙述恰好满足这一条件。因此，正如赫谟克拉底对你说的，我昨天在回家的路上，将我能记得的，都说与我

---

① 《蒂迈欧》21a1。
② 《蒂迈欧》20e4。
③ 《蒂迈欧》22b3。
④ 《蒂迈欧》26b3。
⑤ 《蒂迈欧》20e4, 21 al, c3, 22b3, 26a2, bl, b3。
⑥ 《蒂迈欧》22e4, 23e5, b6; *Crit.* 109d3, 110a。
⑦ Maurice Halbwachs, *La Mémoire collective*, 2d ed., 修订者与序言撰写者 Jean Duvigaud, 导言撰写者 J. Michal Alexandre, [1950] Paris: PUF, 1968。

的同伴们听了，而与他们分别之后，我想了一整晚，终于几乎把整个故事都回忆起来了。真的就如俗语所说，孩童时期上过的课会在我们的记忆中留下深刻的印象；我虽然连昨天所上的课都未必记得全了，但是假若我忘记了多年前听过的事情，倒会令我无比惊讶。初听到这个故事时，我像所有孩子听老人讲故事时一样，听得兴致勃勃；他非常乐意教我，而我也一遍又一遍地请求他重复他说的话，就这样，这些词句就好像一张不可磨灭的图画，深深地烙印在我脑海中了。破晓之时，我像当初他向我讲故事一样，将这个故事讲给我的同伴们听，他们应该和我一样，也有话要说。①

小克里底亚努力地回忆其祖父多年前讲述的故事，这的确是一种属于个人的行为。但是，这一个人行为实际上却从微观的方面，体现了整个集体（在这个例子中，集体即指古希腊）的更为广泛的努力。②

这种集体的努力一定是具有选择性的。书面记录——至少在理论上——可以保证信息被永久地储存；而在口头传述中，有记忆就有遗忘。③ 经口头传述的信息只能依靠个人的整合，因此会受到个体记忆能力的限制。那么，集体究竟是依据什么标准来选择值得记忆的事件呢？塞斯（Saïs）的祭祀曾谈过这个问题：

> 无论是在你那儿，还是在我们这儿，抑或是在其他我们曾有所耳闻的地方——如果有任何高贵的、伟大的，或者异乎

---

① 《蒂迈欧》25d7—26c5。
② 《克里底亚》109d3, 110a7。
③ Jack Goody and Ian Watt, "The Consequences of Literacy", in Jack Goody, ed., *Literacy in Traditional Societies*, Cambridge: Cambridge University Press, 1968, pp. 28—34.

寻常的举动发生,那么它们一定都已经被我们中的年长者记录了下来,或者被供奉在庙宇之中了。①

具体说来呢?

任何相对于习俗惯例显得"突出"(tina diaphoran ekhon)的事情都有可能成为集体回忆的对象,但我们会发现,似乎有许多的事件都满足这一个条件。

所幸形容词 kalos(高贵的)与 megas(伟大的),以及 tina diaphoran ekhon 这一表述,使得范围显著地缩小了。这两个形容词提出了一个价值评判系统,它们指出我们需要按照这种方式去判断一个事件是否与其他事件相比是"突出的"。并不是每一件异常的事情都可以成为集体记忆的对象,它们还必须对集体的价值有所意义。换言之,集体只会留存下那些符合自己价值体系的信息,这些信息可以为集体所用,它们可以为集体提供一种辩护——无论是从正面的角度(歌颂其中所表现出的忠诚),还是从反面的角度(将它们作为警示)。

最后,ē tēi de ē kai kat'allon to pon(无论是在这里,还是在其他地方),这一表述也提示了一则额外的标准。它表现出,不仅仅是那些发生在这个集体之内的事件有可能成为该集体的回忆,发生在其他集体中的事件也有可能如此。换言之,一个集体定义自己,一方面是通过那些与自己有关的事件,另一方面它也会将发生在其他集体的事件纳入考虑——当然,这些被纳入考虑的事件,对于这个集体必然是有其特殊意义的。

为了让这个问题更为清楚,我对《蒂迈欧》与《克里底亚》中提及的几种事件进行了如下总结,我们可以将它视作本书第一部分的一个索引。它们包括:

---

① 《蒂迈欧》23a1-5。

1. 关于诸神的事件，它们的主要作用是解释两个集体（即远古雅典与亚特兰蒂斯）的起源，传承以及毁灭。

2. 关于两个集体的军事活动及政治活动的事件。

3. 关于人类个体的事件，这些个体或是面临着非同寻常的处境［弗洛纽斯（Phoroneus）与尼俄珀（Niobe），世界上第一个男人与女人；丢卡利翁（Deucalion）与皮拉（Pyrrha），从大洪水中幸存的唯一的男人与女人］，或曾有过英勇事迹［忒修斯（Theseus）］。

4. 神与人之间的系谱图，既包括神与人类个体的关系，也包括神与人类集体的关系。

5. 自然灾害，尤其是水灾与火灾，它们都是从天而降的。

这个总结并不全面和详尽，但是它大概地表现了哪类事件容易成为集体记忆的对象。除此之外，对于其中一部分事件，我们还需要更为详细地分析一下其中涉及的价值判断：

1. 柏拉图强调说，地上不同的区域分属于不同的神，这是正义（dikē）①分配的结果，诸神并不曾因此发生争吵；这意味埃及的祭司放弃了另一种说法——即诸神曾为此事大动干戈。此时，他从反面提到了一项规则：诸神之间不可能有争斗。

2. 另外，对话中提到赫淮斯托斯（Hephaestus）与雅典娜（Athena）"对智慧的爱（philosophiai）以及技艺（philotechniai）使得他们共同拥有了一块土地"②，而阿提卡（Attica）就是分配给他们的土地，"因为它天然地与他们的美德及知识（aretēi kai phronēsei）相配"。③

3. 因此，古代雅典人作为他们的子民，是"有史以来最为公正、最为高贵的民族"（to kalliston kai ariston genos ep'anthrōpous）④

---

① 《克里底亚》109b-c。
② 《克里底亚》109c7-8。
③ 《克里底亚》109c9-d1。
④ 《蒂迈欧》23b7。

就不足为奇了。

4. 而他们的城邦，也就天然地是"所有城邦里，战争方面最为杰出的(*aristē*)，并且拥有着最好的法律(*eunomōtatē*)"。① 埃及祭司进一步描述道："据说，雅典曾创下最高贵的(*kallista*)丰功伟绩，有着最为公平(*kallista*)的政治制度。"②

5. 最后，对话如是描述古雅典与亚特兰蒂斯的战争："随着时光的流淌与人类的毁灭，雅典城邦伟大与卓越的(*megala kai thaumasta*)行径渐渐被遗忘。但其中有一件事，它比其他所有事都更伟大(*panton de hen megiston*)。"③

经过对对话中涉及价值判断之处（绝大部分地方都有夸张之嫌）的梳理与总结，我们可以清楚地看见，在向梭伦(Solon)传递信息的过程中，埃及祭司其实始终处在一个价值系统之中。一方面，这个系统赋予信息以意义，另一方面，那些信息也反过来解释这个系统。总而言之，如果某一事件要成为集体记忆的一部分，那么它不仅要"突出"，同时还必须对集体认肯的价值体系框架有所意义。至于这一事件是发生在这个集体中，还是发生在其他地方，倒无关紧要。换言之，集体记忆选择事件遵循着两种标准：第一个标准是客观的(objectif)，它要求该事件有其突出的特点，可以从寻常的事物之中脱颖而出；而第二个标准则是伦理的(éthique)，它要求该事件具有典范性，可以融入集体所认肯的价值体系。

这些事件的时间背景，也即它们所发生之处，必然是过去。因为所谓"记住"(*mimnēiskesthai*)，就是"提及"(faire mention)④发

---

① 《蒂迈欧》23c5-6。
② 《蒂迈欧》23c6-d1。
③ 《蒂迈欧》20e4-6。
④ Emile Benveniste, "Formes et sens de *mnaomai*", *Sprachgeschichte und Wortbedeutung. Festschrift Albert Debrunner*, Berne: Francke, 1954, pp. 13—18.

生在"过去"(*palai*)①的事件、"过去的事物"(*palaia*)②或者"古老的事物"(*archaia*)。③ 然而,虽然都与"过去"有关,神话中涉及到的过去,与历史所讲述的过去,二者之间是否存在着什么区别呢?在某个意义上,神话中的"过去"回溯到了绝对的开端,它是关于诸神的,赫西俄德(Hesiod)的《神谱》是个很好的例子。但这究竟意味着什么呢?神话涉及到的事件都应该发生在足够久远的过去,如此一来,讲述神话的人就不可能去验证神话的合理性——他既不能直接地作为见证者,也无法以亲历者为中介得到间接的验证。举例来说,柏拉图常提到米堤亚战争(Midian)与伯罗奔尼撒战争(Poloponnesian),这两场战争的确也对雅典产生了至关重要的影响,但是柏拉图说起它们时并不曾使用 *muthos* 一词。而在《法义》卷三中,在讲到独眼巨人(Cyclops)④的生活方式、特洛伊(Troy)⑤的建立与衰落,以及阿戈斯的多里安城邦(Dorian cities of Argos)、麦西尼亚(Messene)与斯巴达(Sparta)的建立时⑥,柏拉图则频频使用 *muthos* 及由它组成的复合词。不过,当他描述三个多里安(Dorian)城邦的建立时⑦,他又明确地表示自己不再是在说神话。

　　神话总是唤起关于发生在过去的事件的记忆,但这些事件不是任何直接或间接的见证的对象,它们是传统的对象——这样一来,神话与对过去的真实描述(即历史)之间就产生了对立:神话中没有任何确切的时间标记,甚至神话所述之事是否真实发生过也无从辨明。神话与历史的真实讲述之差别就在于,神话无法讲清

---

① 《蒂迈欧》23d3;《克里底亚》110a2。
② 《蒂迈欧》20e5, 21a7, 22a1, b8, e5, 23a4, b3;《克里底亚》110a4, a6。
③ 《蒂迈欧》21a6, 22a5, b7。
④ 《法义》卷三,680d3。
⑤ 《法义》卷三,682a8。
⑥ 《法义》卷三,682e5, 683d3。
⑦ 《法义》卷三,683e10-684a1。

楚事件发生的确切时间。在这个意义上,梭伦与埃及祭司之间形成的对立十分具有代表性。即便求助于神谱,梭伦仍然无法按照确切的历史顺序组织他所讲述的事件:

> 克里底亚:梭伦想让他(塞斯祭祀)谈谈古代,于是他便自己说起了我们的世界里最古老的事情。他从关于弗洛纽斯的传说说起,据说他是"第一个人",之后,他又谈到尼俄泊,还有洪水的幸存者丢卡利翁与皮拉;他沿着他们后代的家谱追溯而上,以此为据推断时间,试图算出这些事件距今有多少年。①

而埃及祭祀对此也不假思索地评价道:"梭伦啊,你刚刚讲述你们的谱系,其实没比儿童的神话好到哪里去。"②话音刚落,祭司便开始讲述古希腊与亚特兰蒂斯之间的战争,他说自己谈到的是9000年前的雅典,其建立比塞斯还要早1000年。③ 这场战争被记载在塞斯的神庙中。

确切的时间对于历史是根本性的,这就如同"量"之于物理学。④ 然而,神话讲述故事却往往没有确切的时间,因此神话具有一种模糊的性质——神话中用来指示时间的语言通常都是含糊不清的,譬如时间副词 *pote*(曾经)⑤,以及短语 *ēn pote*(很久很久以前)⑥——柏拉图叙述神话时常以这些词语作为开头。而且,就算

---

① 《蒂迈欧》22a4-b3。
② 《蒂迈欧》23b3-5。
③ 《蒂迈欧》23d-e。
④ 参见 I. Meyerson, "*Le temps, la mémoire, l'histoire*", *Journal de psychobgie nornal et pathologique* 53(1956): 337,于 1920—1968 重印,*Ecrits: Pour une psychologie historique*, Jean-Pierre Vernant 撰写引言, Paris: PUF, 1987, p. 267。
⑤ 《理想国》卷三,359d11,卷十,614b4。
⑥ 《普罗泰格拉》320c8;《斐德若》259b6。

神话中提及了具体的关于时间的数字,历史学家还是无从考证,Herman Frankel 曾以《奥德赛》为例,说道:"这些数字往往是偶然的,它们既不能作为统计的根据,也不能作为对其他同一历史时期的事情的佐证。它们至多能标识相对的规模大小,以及象征一个极为遥远的时间。所以,我没有任何梳理年代的兴趣,无论是相对的年代,还是绝对的。"①埃及祭司声称他清楚自己所谈之事的确切时间,而梭伦却做不到。也正是基于这个原因,祭司称自己所言都是有历史依据的真实描述,而梭伦所说的则不过是神话。祭司在这个过程中表现出自己的立场,即便他所言未必完全可信,但是至少他是前后一致的。事实上,如果神话在它所叙述的事件中加上时间描述,反倒会令我们更感迷惑。另外,下一章我们会发现,如果信息仅依赖口头传递,而不使用任何诗歌的技巧,那么这个特点会更为明显。而正是这种对遥远过去的迷惑与不解,让神话的传述者有机会进行某种篡改:

苏格拉底:而我们刚刚说的,对于这些神话的讲述(en... tais muthologias),因为我们对古时候的事情一无所知,或许我们将它说得似真似假,但是它对我们来说还不是有用的吗?②

---

① Herman Fränkel, "Die Zeitauffassung in der frügriechischen Literatur"[1931], *Wege und Forrmen frühgriechischen Denkens*, 2d ed. , hrsg. Franz Tierze, [1955] Munich: Beck, 1960, 2. 此处是德国原文:"Diese Zahlen(meist sind es typische Zahlen, die für alle möglichen Masse wiederkehren)sind im allegemeinen unverbindlich, und nicht als Grundlagen für Rechenoperationen und Synchroni-smen gemeint. Sie bezeichnen nur allegemein die Grössenordnung, und symbolisieren mit ihrer stilgerechten Scheinpräzision einfach eine lange Dauer. Es besteht so gut wie gar kein Interesse an Chronologie, weder an relativer noch gar an absoluter".
② 《理想国》卷二,382c10-d3。

总而言之,相对于所叙述的事件而言,神话总是保留着自主性,因此我们应当认为神话是自我指涉的(autoreference)。这是因为在口传文明中,每次的传递都会使得过去变成现在;而且信息的编织、传递与接受三个过程也难以断然区分,在传递的过程中,对信息的阐述总是随着具体的叙述背景而变(宗教的,政治的,社会环境,经济的等等)。这样看来,创造与讲述神话的人并不将"过去"当作对象——他们不同于历史学家;相反,他们将"过去"看作一张草图,如何对它进行叙述,应该依据环境而作出调整。而书写则使"过去"对象化,有了书写的参与,这种根据现时不断改编过去的做法便不再可能了。因此,我们甚至可以说,书写杀死了神话,从此之后,神话与现实的关系便被宣告为是无法证伪的了。

第二章　传播的手段

总的说来，传递一个事件的时候，根据传递的方式不同，关于这一事件的话语或是表现为神话，或是表现为真实的叙述。我将以《克里底亚》与《蒂迈欧》开篇所述的，发生在古雅典与亚特兰蒂斯之间的战争为例，阐述这个问题。在远古希腊，灾害周期性地摧毁城邦，只有极为少数的公民有闲暇研究过去、进行记述或编写诗歌；所以，当时信息的传递主要依赖口头传述。① 而古埃及却不同，它并没有频频受到自然灾害的侵袭②——所以这段英雄功绩便在那里，以文字的形式被记载下来；当柏拉图欲以传统为依托时，它便成了其源泉及手段。因此，梭伦作为彼时唯一一个能够讲述这段神话的人，也是在埃及，通过塞斯的祭司之口才得知雅典这段过往的。而关于这个故事最初的书面记述版本，即便是柏拉图的态度都显得暧昧不明——在公元前五至前四世纪的雅典，这种历史性的模糊非常典型。

接下来，我将详细介绍这段战争传说的分为两个阶段的来历以作为参照。梭伦游历埃及时途经塞斯，他正是在这个时候听闻

---

① 《蒂迈欧》22b-23b。
② 《蒂迈欧》22d。

了这件事。那个讲述故事的埃及祭司告诉梭伦,这场战争发生在九千年前①,而根据记载,塞斯的建立大约在八千年前②,所以雅典的历史比塞斯还要早一千年。③ 按照这种说法,在近千年间,这场发生在古雅典与亚特兰蒂斯的战争都是经由口头传诵的,直到梭伦埃及之行的八千年前,它才在塞斯被书写记录下来。④ 祭司以保存在塞斯的书面记录当作讲述的蓝本,但他称时间不够⑤,所以并未直接将这段记录取出,照本宣科地念给梭伦。因此,梭伦耳闻了这段英雄事迹,但这个过程中并没有书面记述版本的直接参与。而之后,这段故事则在梭伦家族内部经由数代人口头相传,直到为柏拉图所闻。事实上,说这段口头传述是在家族(oikeios)的意义上进行的,或许不够准确;但对话的确写到,梭伦"是德洛皮德斯(Dropides)(Ⅱ)的亲戚(oikeios)及亲密的朋友"。⑥ 无论这个问题的答案是什么,下面这张谱系表已经概括了对于这个家族我们所已知的一切。⑦

关于梭伦的生卒时间,最可信的说法是公元前 630 至前 558 年,而根据下面这句话,我们大致可以推测,他是在公元前 600 年去往埃及的:"当他回国之后,为党系争斗及琐碎之事所累。"⑧ 这里所说的"麻烦事"指的一定是梭伦任执政官期间的事,即公元前 594 年。如果这一点得到了确认,那么关于古雅典与亚特兰蒂斯战争第一阶段的口头传述就应该在公元前 600 年前后,梭伦在游

---

① 《蒂迈欧》23e4-6,《克里底亚》108e1-2。
② 《蒂迈欧》23e2-4。
③ 《蒂迈欧》23d7-e1。
④ 《蒂迈欧》23a1-5。
⑤ 《蒂迈欧》23e6-24a2。
⑥ 《蒂迈欧》20e1-2。
⑦ Warman Welliver, *Character. Plot and Thought in Plato's "Timaeus and Critias"*, Leiden: Brill, 1977, p. 51. Welliver follows J. K. Davies, *Athenian Propertied Families* (600—300 B. C.), Oxford: Clarendon Press, 1971, pp. 322—335; Brill, 1977, p. 51.
⑧ 《蒂迈欧》21c6-7。

第二章　传播的手段

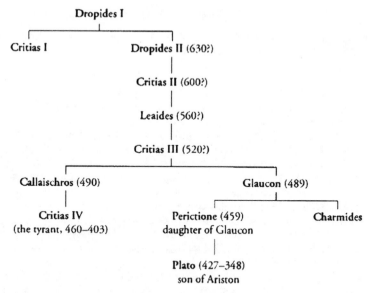

历埃及期间听闻了此事。①

而第二阶段的口头传述时间则难以获悉，但是我们知道参与传述的主要人物：即梭伦本人及克里底亚（Ⅱ）。克里底亚（Ⅱ）——下文我们将他称为老克里底亚——生于公元前600年。因此，老克里底亚从梭伦那里听说这场战争的时间大概在公元前600至前558年之间。梭伦讲述的正是他从塞斯听来的版本，《蒂迈欧》花费了四页的篇幅讲述这个故事。②

至于第三阶段的传述，它的主要困难在于我们难以确定小克里底亚的身份。在John Burnet的研究问世之前③，人们普遍认可普罗克鲁斯（Proclus）的说法④，即认为对话中的克里底亚是僭主克里底亚，也就是Warman Wellivers表格中的克里底亚（Ⅳ）

---

① 《蒂迈欧》21c5-dl, 21d7-8；《克里底亚》108d5, 110b3. 113a5。
② 《蒂迈欧》20d8-el, 20e3-4, 21a4-6, 25d7-e2。
③ John Burnet, *Greek Philosophy: From Thales to Plato*, London: Macmillian, [1914] 1928, p. 338, n. 1.
④ 普罗克鲁斯，《论〈蒂迈欧〉》, vol. 1, p. 70, 1. 20ff., Diehl。

(460—403)。不过,这个问题始终未有定论。① Alfred E. Taylor②,Francis M. Cornford③,尤其是 Warman Welliver④,都认可

---

① 至少有两个原因:(1)在《蒂迈欧》20e1-4,克里底亚说道:"他(梭伦)是我的祖父德罗彼得的一个亲密朋友(hēmin Drōpidou tou propappou)······他将这个故事告诉了我的祖父,克里底亚(pros de Kritian ton hēmeteron pappon)。"而僭主克里底亚不可能有一个与梭伦同时代(公元前 630—前 558 年)的祖父。(2)另外,"Kritias"这个名字在柏拉图所有的著作中,只在五篇对话中曾经出现过:《卡尔米德》、《普罗泰戈拉》、《蒂迈欧》、《克里底亚》与《欧律克西亚斯》。而《欧律克西亚斯》被普遍认为是伪作,所以这一篇对话可以不算入其中。在《卡尔米德》(153c7,169b5)与《普罗泰戈拉》(316a5)中,克里底亚的身份十分明确:即卡莱克洛斯的儿子(Kritias ho Kallaiskhrou),僭主克里底亚,也即克里底亚(IV)。《卡尔米德》则为这份家族谱系做了更多细节的补充:德罗彼得的儿子(157e5-5)是梭伦的亲戚,也是克里底亚的后代,他曾受到梭伦与阿那克翁(Anacreon)的赞许,他是卡尔米德与伯里提俄涅(Perictione,柏拉图的母亲)的表兄,格劳孔(Glaucon)是他的外甥。另外,还有两种不同的论证:(1)在《蒂迈欧》21b5-6 中,克里底亚提起梭伦的诗歌说,其中有一些是在他还是个孩子时,梭伦新作的(nea)。根据这段话,克里底亚就不可能是僭主克里底亚(公元前 460—前 403 年)。在公元前 450 年间,克里底亚大约十岁,而即便梭伦是在其生命中最后几年写下这些诗歌(譬如,公元前 560 年),也与此时相隔一百一十多年。但是,即便另有一个克里底亚(III)出生在公元前 520 年前后,仍然有许多问题。事实上,公元前 510 年仍与梭伦有近五十年之隔。但这样一来,不可能性就不再那么明显了,但是它仍然存在。实际上,正如 I-M. Linforth(*Solon the Athenian*,Berkeley: University of California Press, 1919, p. 11)解释的,我们应该如是理解《蒂迈欧》21b5-6 中所说的:"我们应该将那些诗歌想成古雅典的现代诗,而不应像看待荷马与赫西俄德的诗歌一样看待它们。或许正是因为在当下已经很少有人提到梭伦的诗了,它们在公元前五世纪的雅典诗歌中已渐渐过时,所以柏拉图才以这种方式说起它们。"(2) 在《蒂迈欧》26 b5-6 中,小克里底亚说道:"这些事情是我在很久之前听说的······(*tauta de ha pampolan khronon diakēkoa*)"这句话意味着小克里底亚在向苏格拉底与赫谟克拉底复述老克里底亚所说的故事时,已经年纪很大了。但是,由于对话中并没有清楚地讲明这一点,所以我们最好也不要草率地下结论,前一则论述也是如此。

② Alfred E. Taylor, *A Commentary on Plato's "Timaeus"*, Oxford: Clarendon Press, 1928.

③ Francis M. Cornford, *Plato's Cosmology*, London: Routledge & Kegan Paul, 1937.

④ Warman Welliver(cf. n. 9)致力于寻找充分的历史根据,以确定这种说法的合理性。他所找到的根据如下(1)一则关于埃斯库罗斯(Aeschylus)《普罗米修斯》第 128 节的注释说到,阿那克里翁(公元前 572? 至前 488? 年)来到雅典,"是因为他爱上了克里底亚"(*erōn Kritiou*),另外,他也非常喜欢埃斯库罗斯(公元前 525 至前 456 年)的作品。(2)1936 年,考古学家于雅典城市广场发现一枚陶片,Eugene van der Pool 随后于 1949 发表了相关的研究("Some ostraca from the Athenian Agora", *Commemorative Studies in the Honor of Theodore Leslie Shear*, Hesperiasupplement VIII, American School of Classical Studies at Athens, p. 399, n. 12, fig. 5 and plate 58),证明了此事的真实性,"克里底亚,里埃斯之子"(*Kritias Leaido* [u])曾于公元前 480 年受到放逐。因此,Warman Welliver 认为这两个证据都指向了克里底亚(III),其祖父是克里底亚(II),曾祖父是德罗彼得(II)。所以,克里底亚(II)也就是克里底亚(IV)的祖父。

Burnet 的说法,即认为在克里底亚(Ⅱ)与克里底亚(Ⅳ)之间还存在着一个克里底亚(Ⅲ)。这场争论继续进行着,Thomas G. Rosenmeyer① 于 1949 发表了一篇文章,专门针对 John Burnet 提出的观点;Rosenmeyer 回到了传统看法,认为《蒂迈欧》开头出现的克里底亚,以及《克里底亚》中的克里底亚,均是僭主克里底亚。那么我们究竟该选择哪种立场呢？许多人出于戏剧效果的考虑,赞同小克里底亚就是僭主克里底亚的说法;但是,这种说法中包含着难以弥合的年代问题。唯有假定一个克里底亚(Ⅲ)的存在,雅典与亚特兰蒂斯之战的口头传述过程才可能显得连贯合理。这一传述阶段在很多方面都表现出模糊性,而假设存在一个克里底亚(Ⅲ),就可以或多或少地消除这种模糊性。这种模糊性或许来自于柏拉图

---

① Thomas G. Rosenmeyer, "The Family of Critias", *American Journal of Philology* 70(1949): 404—410, Rosenmeyer 的论证究其本质而言是消极论证,因为它们都是针对 Burnet 的论证进行的逐一反驳。这样看来,它们难免会有些令人提不起兴趣。但是,接下来,这个观点还是值得注意的：我们对出生于公元前 520 年前后的克里底亚(Ⅲ)一无所知。但是,苏格拉底在《卡尔米德》(162e1-2)中谈及克里底亚(Ⅳ)——"但是你(克里底亚),更为年长,而且也学习了一些事,应该知道它的意思(节制的定义)"——这与苏格拉底在《蒂迈欧》(20a6-7)中对他的描述相符："这是克里底亚,每个雅典人都应该知道他,对于我们所说的东西(哲学与政治),他也绝不是新手(*idiōtēn*)。"而苏格拉底与卡尔米德的会面在波提狄亚攻城期间,也即公元前 432 至前 429 年,这个时间与《蒂迈欧》及《克里底亚》这两篇对话发生的时间几乎重合(上文我们已经说过,这两篇对话大约出现于公元前 430 至前 425 年间)。这样看来,这三篇对话中出现的人物可能都是僭主克里底亚,他的作品也常常被归为智者学派(DK 88)的作品;另外,那时,他大约三十岁,与赫谟克拉底年龄相仿,在伯罗奔尼撒战争中,后者在叙拉古阵营中曾扮演重要角色。关于对克里底亚这个人物更为完整的研究,参见 Dorothy Stephans, "Critias: Life and Literary Remains", Ph. D. diss., University or Cincinnati, 1939(我无法引用这部作品)。另外,赫谟克拉底与克里底亚都对民主怀有相同的敌视态度。公元前 404 年,雅典沦陷,克里底亚建立了寡头政治,即我们所说的"三十僭主";未满一年,雅典重新恢复民主秩序,克里底亚随即遭到放逐。而色诺芬(Xenophon)告诉我们,在放逐期间,克里底亚在色萨利(Thessaly)建立了民主制度,号召穷人反抗他们的主人(Hell. 2.3.36)。关于对僭主克里底亚更为详尽的介绍,参见 Luc Brisson, "Critias", *Dictionnaitc des philosophes antiques*, ed. Richard Goulet, Paris: CNRS, 1994, 2:512—520。

本人,他写下《蒂迈欧》与《克里底亚》时(公元前 358 至前 356 年间),距离这个阶段的口头传述(公元前 430 至前 425 年间)已有八十年之久。也有些学者试图将这种模糊性解释为柏拉图故意为之。他们认为,柏拉图这么做有两个原因:首先,他是为了让这个故事与著名人物梭伦产生联系,因为梭伦"在公元前四世纪中期,已成为了祖制政体(patrios politeia)中间派的大人物"[1],另一方面则是因为柏拉图或许希望他的故事可以与僭主克里底亚表现出某种直观的联系,因为克里底亚曾参与伯罗奔尼撒战争且发动了雅典内战。而古雅典与亚特兰蒂斯的战争或许正影射了这几场战争。[2]

如果我们接受克里底亚(Ⅲ)的存在,那么《蒂迈欧》21a8-b1 中所言就应改为:"事实上,在那个时候,克里底亚已年届九十,而我大约十岁。"因为克里底亚(Ⅱ)大约于公元前 600 年出生,而克里底亚(Ⅲ)则大概在公元前 520 年出生;老克里底亚讲述故事的时候应该在前 510 年前后。而且,对话中也提到,老人给孩子讲述故事时,正值阿帕图里亚节(Apatouria)的剪发礼日(Couréotis)。[3]阿帕图里亚是雅典与爱奥尼亚(Ionian)的节日,庆典通常在普亚诺普西昂月(Pyanopsion,即公历的十月)举行,会持续三天之久。庆典的第三天即是剪发礼日,小男孩(三至四岁的男孩)会在这天第一次理发,之后他才算正式成为其胞族(phratrie)的一分子。[4]雅典共分为四个部落,每个部落都划成三个"三分区"(trittyes),三分区也被称作"胞族(phratrie)"。因此,克里底亚(Ⅱ)向克里底亚(Ⅲ)讲述这个故事的时间应该在公元前 510 年的十月。

接下来,我们进入这一故事的第四个传述阶段。在这一阶段,

---

[1] Pierre Vidal-Naquet,"Athenes et l'Atlantide",*Revue des etudes grecques* 77 (1964):433; *Le Chasseur noir*,Paris:Maspero,1981, p. 348.

[2] Vidal-Naquet,"Athenes et l'Atlantide".

[3] 《蒂迈欧》21b1-2。

[4] 《蒂迈欧》21b7 提到了 Phratria。

克里底亚（Ⅲ）或（Ⅳ）向苏格拉底、蒂迈欧、赫谟克拉底讲述故事，其时间即是《蒂迈欧》及《克里底亚》中所描写的会谈发生的日期。关于这次会谈与《理想国》中描写的那次会谈是什么关系，我们暂且不讨论；可以确定的是，此次会谈一定发生在雅典娜节（Panathenaia）期间。① 雅典娜节是雅典人为纪念雅典娜而设的节日，通常在赫卡托姆拜昂月（Hekatombaion）的二十八日举行（此处指雅典太阴历法，其新年是夏至后的第一个朔月，即公历的六月二十至二十一日），也就是公历的七月。当然，我们需要注意泛雅典娜节（Great Panathenaia）与雅典娜节（Little Panathenaia）的区别，二者不是同一个节日，前者四年一度，后者每年一庆；但是对话所指的究竟是哪一个节日，根本无法分辨，所以我们就必须从确定《蒂迈欧》与《克里底亚》对话发生的年份入手。经过推测，对话最有可能发生在公元前 430 至前 425 年间。在这个时候，克里底亚（Ⅲ）已经九十至九十五岁了，克里底亚（Ⅳ）三十至三十五岁，而苏格拉底（公元前 470—前 399 年）则在四十至四十五岁之间。

这个日期十分重要，因为它似乎可以让这个问题得到一个可能的解释——为什么叙拉古的将军赫谟克拉底（卒于公元前 407 年）此时会出现在雅典？根据修昔底德（Thucydides 6.72）的描述，赫谟克拉底具有非凡的智慧、卓越的勇气以及显赫的军功。公元前 424 年的杰拉会议（Gela congress）期间，赫谟克拉底（Thcd. 4.58）曾建言叙拉古与西西里讲和，专心面对雅典的威胁。在这个时候，赫谟克拉底已算得上是一位重要政治家，他完全符合苏格拉底在《蒂迈欧》20a7-b1 中的描述："至于赫谟克拉底，他的天才与他所受的教育使他在各种思考中都有所造诣，这一点我想许多人都可以作证。"这里所说的"思考"指的就是政治与哲学。

总而言之，《蒂迈欧》与《克里底亚》毋庸置疑都是柏拉图晚年

---

① 《蒂迈欧》26e3, cf. 21a2。

的作品①，这两篇对话大概写成于柏拉图去世前的十或十二年，即公元前 358—前 356 年。对话所记述的那个故事与一件据说发生在九千年前的事情有关，却在整个古希腊世界都鲜为人知，最后人们从一位埃及祭祀的口中获悉。依靠七代人口口相传，这个故事经历了长达二百七十年之久的传述。

需注意，上文所述的年代证明的确显得杂糅，但它建立在对一个极为漫长的传述过程复杂而谨慎的分析之上，无论其中是否有文字记述的参与，它都提供了一份有价值而且有其合理性的描述——一则年代极为久远的故事究竟是如何流传下来的。亚特兰蒂斯故事的例子为我们提出了两个问题：我们应该如何看待这种口头传述？以及，在这个具体的例子中，口头传述与文字记述的关系是什么？在更为普遍的情况中，又是如何呢？

口头传述，最简单的说法就是，从口到耳的传述。这个简单化的定义直接地与两个词语相对应：phēmē② 与 akoē③。它们分别源于动词 phēmi（说）与 akouō（听）。整体地考察一下这两个词语在柏拉图作品中的使用，或许可以让它们的意思更加清楚。Phēmē 即是"话语"(parole)，这个名词同时具有宗教价值与政治价值。在柏拉图的作品中，我们可以看见它的两种用法：其一，它表达一种宗教价值；其二，它表达一种集体性的世俗价值。表示宗教价值的时候，phēmē 指一种"神圣的启示"，《法篇》卷一 624b2、

---

① Christopher Gill, "Plato and Politics: The *Critias* and the *Politicus*", *Phronesis* 24(1979): 148—167, 与 G. E. L. Owen, "The Place of the *Timaeus* in Plato's Dialogues" 相对照。R. E. Allen, ed., *Studies in Plato's Metaphysics*, London: Routledge & Kegan Paul/New York: Humanities Press, [1953](1965), pp. 313—338; Martha Nussbaum ed., *Logic, Science and Dialectic: Collected Papers in Greek Philosophy*, Ithaca: Cornell University Press, 1986, pp. 64—84。关于综合性的研究，参见 Luc Brisson 对柏拉图《蒂迈欧》的介绍，*Timèe/Critias*, Paris: Flammarion, 1992, pp. 72—75。

② 《蒂迈欧》27b4.

③ 《蒂迈欧》21a6, 22b8, 23a2, 23d 1, 25el.

卷二 664d4、卷五 738c6、卷七 792d3,《斐多》111b7,《蒂迈欧》72b3 都属于这种用法。在这些例子中,语境都与"预言"有关,涉及的话题都是神灵透过话语得到显示。而当表达世俗价值时,phēmē 通常指一种集体性的话语。在这个语义中,还有一个进一步的区分,即集体"话语"的短期与长期之分。

当在短期的意义上使用集体"话语"的时候,phēmē 与"名声"是同义的;更简单地说来,它的意思就是关于某人的"传言"。柏拉图的著作曾六次在此意义上使用 phēmē。① 而长期意义上的集体"话语"更接近这个词的本意。长远意义上的 phēmē,也就是我们今天所说的"传统",这种传统既可以与宗教有关——诸神,精灵,英雄,甚至哈德斯的世界——也可以与世俗领域有关——法律,军事上的丰功伟绩等。这个意义上说,phēmē 指的就是被保存下来的集体性"话语"。柏拉图的著作中共有二十一处,在此意义上使用 phēmē。② 归根结底,phēmē 仍是与"说话"有关的名词,虽然正如《蒂迈欧》所说的那样,这种话语以文字的形式被记录了下来:"为祭司记载下来的传统"(hē tōn hierōn grammatōn phēmē)。③ 对古希腊与亚特兰蒂斯之间战争的叙述,于八千年前也被记载在了埃及的神庙中。

总而言之,phēmē 所表示的"话语"或是神圣的,或是集体的。在前一种情况中,phēmē 相当于"天启";在后一种情况中,它则意味着"传统"。而当 phēmē 表示短期意义上的集体话语时,则相当于"名声",或关于某人的"传言"。我们所谓的"神话",它所传递的信息,其真实意涵也大抵如此。神话也是 phēmē,它是一种既有神

---

① 《申辩》18c1, 20c7;《法义》卷九,878a5,卷十一,932a6, 935a1;《政治家》309e8。
② 《克拉底鲁》395e5;《法义》卷二,672b3,卷四,704b1, 713c2,卷六,771c7,卷七,822c4,卷八,838c8, 838d6,卷九,870a7, 871b4, 878a5,卷十,906c1, 908a7,卷十一,916d7, 927a5,卷十二,952b7, 966c5;《斐勒布》16c8;《理想国》卷三,415d6,卷十,463d6;《蒂迈欧》27b4。
③ 《蒂迈欧》27b4。

圣意味,也有集体意味的话语。而归根结底,每一个有神圣意味的语词都会变成集体语词中不可分割的部分。譬如上文说到的,柏拉图著作有二十一处用 *phēmē* 表示"传统",其中有九处①就是如此。② 这并不奇怪,谈及遥远的过去时,神与人之间极度亲密,所以关于神的话语与关于人的话语总是难以区分的。譬如《斐勒布》中的这段话,我们也应当作如是理解:"将这传统交到我们手上的是更年长者,他们比我们要好,也与神更接近"(*tautēn phēmēn*)。③ 另外,《斐德若》273c1-3 也是一个例子:

> 苏格拉底:我可以告诉你,我从我们的祖先那里听说的传统(*akoēn tōn proterōn*),只有他们知道真相。不过,假如我们可以自己发现它,我们还会关心人类的信仰吗?

如此一来,我们终于可以理解"过去"是如何拥有其与众不同的价值,又是如何成为"现在"与"未来"之范例、集体"话语"(也即我们所说的"传统")之对象的了。

有"话语"就有"聆听",二者相互联系,才使沟通成为可能。在这里,*akoē* 单指"听的动作",但此外它还有数种意思。柏拉图的作品中,*akoē* 大多数时候都只是简单地表达与"看"相对的"听"。④ 不过,有时,*akoē* 所指的"听"则有更为具体的意味——这种时候,它表示"听从",其对象通常是"启示"或"传统",我们可以

---

① 《克拉底鲁》395e5;《法义》卷二,672b3,卷四,704bl,卷六,771c7,卷七,822c4,卷八,838c8,838d6,卷十,906d,卷十一,927a5。
② 请参见 29。
③ 《斐勒布》16c7-8。
④ 《卡尔米德》167d4, d5, 168d3, d4, e9;《克拉底鲁》431a2;《拉刻》190a7, bl;《法义》卷十二,96ld8;《斐多》65c6, 98d7, 111b3;《斐德若》227c3, 228b7, 235d1, 243d5;《理想国》卷一,342a3, 卷五,477c3, 卷六,507c3, c10;《泰阿泰德》142b4, 156c1, 185a2, b8, c2, 201cl, 206a6;《蒂迈欧》33c3, 64c6, 67b5。

在《美诺》①与《法义》②中看到这种用法。作此义解时,"听从"传统或启示有其特指的范围:即缪思(Muses),③或者更严格地说,其对象就是诗歌。④ 后一种用法尤其有趣,它曾出现在定义诗歌的语境:

> 苏格拉底:它(模仿的艺术)只对视觉适用吗,还是同样也适用于"听"(kata tēn akoēn),适用于我们所说的 poiēsin [有两重含义,分别代表"制作"与"诗歌"]呢?
> 格劳孔:我想对听也适用。⑤

因此,神话作为诗歌的内容,在音乐的领域之中,也充当话语的元素;此时,akoē 自然就表示"聆听"神话中的故事。⑥

上文提到过的 akoē 的九次使用中,共有六次涉及到雅典与亚特兰蒂斯之间的那场战争,它们被用于描述这个故事口头传述的过程。因此,在文本的这六个地方,akoē 的意思都与 phēmē 相呼应。这并不令人意外,如果我们仔细考虑口头传述的过程,就会发现"给出信息"与"接受信息"总是无法分离的。

从这个角度看来,如果信息在其传递过程中屡遭修改,究其根本,是因为该信息没有成文的版本可供参考。每一个新的口述版本都会将前一个覆盖和取代。⑦ 当这种情况出现时,两种破坏性

---

① 《美诺》94c6。
② 《法义》卷七,798b2,卷八,839e5,卷十,900a2。
③ 《蒂迈欧》47c4,d1。
④ 《理想国》卷三,401c8,卷十,603b7。
⑤ 《理想国》卷十,603b6-8。
⑥ 《克里底亚》109e2;《斐多》61d9;《斐德若》274d1;《蒂迈欧》20d1,21a6,22b8,23a2,d1,25e1。
⑦ Claude Levi-Strauss 为此给出了一个很好的例子,参见他首次发表于 1975 年的论文,该论文后以"Au-delà du Swaihwe"再版,参见 La Voie des masques,2d ed.,Paris:Plon,1979,153—163。另可参见 Jack Goody,The Myth of the Bagre,Oxford:Clarendon Press,1972,p. 42。

的元素进入我们的视野:一方面是参与信息传递的公众所带来的压力①——因为信息的产生、传述与接受是无法分开的——另一方面,传述者本身所固有的缺陷也可能会对信息的传述产生影响——无知即是最为典型的例子。

有一些信息讲述了发生在遥远过去的故事,但是由于长时间内都经由口头传诵,没有人用诗歌和文字记录它们,亦没有人对它们进行专门的研究,最后这些信息都发生了严重的变质——关于这种情况,柏拉图至少给我们举出过两个例子。

第一个例子,就是我们上文一直讨论的雅典与亚特兰蒂斯的战争。在整个希腊,尤其在雅典,都是如此——这一口头传述的信息难以维系(ou diarkō)②,它们面临着消失(aphani zō)③的命运,总是难免为人遗忘(lantbanō)④。柏拉图曾提到,遗忘的一个原因在于漫长的时间;⑤而另一方面,它也与人类的消亡有关——在亚特兰蒂斯战争的例子中,或许说"城邦居民的消亡"更为准确——他们本应是确保信息传递准确的角色。⑥

当然,关于雅典与亚特兰蒂斯的故事,遗忘并不是完全的。被遗忘的仅仅是那些业已完成的行为(erga)⑦以及那场战争行动(praxis)。⑧ 而那些行动之人⑨的姓名(onomata)⑩,却由愿意将故事继续传给下一代的山野之民保存了下来。⑪

---

① Jesper Svenbro, *La Parole et le Marbre*, Lund, 1976, pp. 16—35.
② 《蒂迈欧》21d6。
③ 《蒂迈欧》20e6;《克里底亚》109d4。
④ 《蒂迈欧》232c2。
⑤ 《蒂迈欧》20e5, 21d6, 26a1;《克里底亚》109d4。
⑥ 《蒂迈欧》20e6, 21d6, 23c3;《克里底亚》109d3-4。
⑦ 《蒂迈欧》20e5, 21a4;《克里底亚》109d3, d8, 110a7。
⑧ 《蒂迈欧》20e6。
⑨ 《克里底亚》109d3, 67, d8, 110a6。
⑩ 《蒂迈欧》21d6。
⑪ 《克里底亚》109d8-e1。

另一个例子同样十分有趣,它谈到太阳与繁星一度进行反向运动。对话如是进入这个话题,发生了一系列事件之后,原本"永恒"的时间开始了流逝:

> 在宇宙的历史中,所有这些故事都起源于同一事件,还有一些更为奇妙的故事也是如此。但是,因为这个伟大的事件发生在很久以前,有些故事已经从人们的记忆中消退;而被保存下来的那些,也已变得散乱,人们讲述它们的方式使得它们之间真实的联系变得模糊不清。①

在雅典与亚特兰蒂斯战争的例子中,这些事件只是被部分地遗忘了。虽然其中有一部分故事完全地"褪色"了,但绝大部分还是被保存了下来。不过,那个唯一的、可以解释这些故事的原因,却遭到了完全的遗忘。在这个例子中,遭到遗忘的不仅仅是这些事件本身,更重要的是,人们忘记了这些事件全都是同一个原因导致的。

不过,柏拉图并没有过于为难故事的讲述者,虽然他确实注意到故事的传述过程显得模糊不清。稍往后读,我们可以看见下面这段话:

> 在灾难的时刻,这些"土生民"从土中复活了。由于我们最早的祖先将这记忆传递到我们手上,所以人们至今还对他们保有记忆。我们最早的祖先就是土生民的孩子;他们生活的年代正接在土生民之后,那时,前一时期的宇宙旋转刚刚结束,而现在的旋转则刚刚开始。我们的祖先将土生民的故事传给我们,现在却有许多人不相信它,这显然是毫无根据

---

① 《政治家》269b5-8。

的判断。①

可以确定的是,这里的口头传述是如此的原始,即便是诗歌——它作为一种交流之技艺——此时都尚未参与到传述的过程中,这意味着信息会在传述的过程中严重变质。但是,这些事件的亲历者与后来的传述者们之间存在着代际的延续性,这种延续性让故事勉强得以保存。

对于乡野间的流传,我们不能要求得太多。关于遥远过去的信息,唯有城市生活可能让信息的传述在量或质方面得到提升。

随着城市的出现,人们开始将那些属于过去的集体回忆当作研究的对象。② 山野之民是无法想象这种研究活动的,他们尚在为了满足生活所需而终日忙碌。而城市的居民可以从事这类活动,基本生活要求的满足为他们带来了充分的闲暇。因此,城市居民可以追溯祖先所建立的丰功伟绩,而山野之民则至多知道祖先们的名字。

但是,人们一旦对"过去"进行了完全的修复,那么在此后的传述中,它就不再会被明显地改动。有两种方式可能达到这样的效果——其一是将这些故事编纂成文、记录在册,其二是让它仍然作为口头传述的对象——但是,此时,口头传述不再是那种原始的方式,而是经过了诗歌的加工。

这一观点是从《蒂迈欧》与《克里底亚》这两篇对话中总结而得的。对话描写山野之民:他们是文盲(*agram-matous*)③,这表明他们不通书写;他们与缪斯也不熟悉(*amousous*)④,这表明他们不通诗文。另外,对话还写道:"在闲暇之间,神话学(*muthologia*)与对

---

① 《政治家》271a5-b3。
② *Anazētēsis tōn palaiōn*,《克里底亚》109d6。
③ 《蒂迈欧》23a8; cf.《克里底亚》109d6。
④ 《蒂迈欧》23b。

古老之事的研究悄然走进了城市。"①在这里尤其要注意 *mutholo-gia* 一词,就柏拉图的使用看来②,它至少一度与 *poiesis*(诗学)相联系,即它不仅指"讲述神话",也有"制作神话"的意思。

不过,现在我们暂且将"诗人作为神话制作者"这个问题搁置一会儿,先来集中考察"书写"是如何介入记忆传递的过程,我们将以塞斯祭司讲述给梭伦的故事为例。这个故事以一个书写版本为基础,因此它表现为一段对历史的真实描述,而不仅仅是对某些事实的口述版本——神话通常表现为后者。关于这个故事,有三点值得注意的地方:(1)它虽然基于一个书写版本,但是这个书写版本本身却依赖于一个经历了上千年口头传述的故事;(2)埃及祭司的确提到了书写版本,但是他并没有将它念给梭伦听,他称自己对这个故事已经烂熟于胸了;(3)最后,祭司口述的故事又形成了一个口头传述的版本,在雅典,从梭伦传递到柏拉图,这个口述版本又经历了近二百七十年。

书写对于记忆的介入,总是滞后的。它作为一种物理载体,仅仅将关于某个主题的传统的最后一个版本确定下来,并记录在册。正是在这个意义上,*hē tōn hierōn grammaton phēmē* "神圣写作的传统",这一表达才便于理解;也即,可以将它解读为"塞斯神庙中由书写记录的传统"。就是这么一回事,书写不过是对言词的一种再现。

从小克里底亚的讲述中,我们会发现梭伦与塞斯祭司的讨论有一个奇怪的地方:尽管雅典与亚特兰蒂斯的战争被书写记录下来,埃及祭司却从未有过与"阅读"有关的行为。他讲着③,梭伦听着④;原因仅仅是祭司没时间诉诸"书写记录本身"(*auta ta*

---

① 《克里底亚》110a3-4。
② 见附录二。
③ 《蒂迈欧》21d7-8。
④ 《蒂迈欧》21d7-8,23d1-4。

grammata）①，而祭司自己也对这个故事烂熟于心。因此，即便在埃及，"书写"似乎也仅仅是一种记忆的工具。真正的记忆存在于灵魂，存在于灵魂直接的、自我表白的言词之中。

梭伦在埃及耳闻了雅典与亚特兰蒂斯的战争，当他返回雅典，又向其他人讲述这个故事；最后，这个故事在雅典又经历了近二百七十年的口头传述。即便存在着一个书写版本，连亚特兰蒂斯诸位国王的名字都在上面记载得清清楚楚，克里底亚（II）、克里底亚（III）与克里底亚（IV）对这些名字也反复提及，但这个故事还是依赖着口头传述。梭伦从埃及返回雅典之后没有将这个故事写进诗歌——即便它的确是上好的素材，不过或许是因为梭伦没有时间，所以这也并不令人奇怪。真正令人感到奇怪的地方在于，雅典竟然没有一个人将这个故事修补完整，要知道在那时的雅典，"书写"正扮演着一个日益重要的角色。

在雅典与亚特兰蒂斯的战争故事中，"书写"发挥的作用如下：依据它可以建立一个"参考版本"，通过它，有缺陷的口述传统得到了重新的整合。这使得人们有可能"控制"——从词源学的角度理解这个词语（contre-rôle：通过对照记录检查账目）——口头传述的传统；虽然，书写版本永远无法完全替代口头传述。

到目前为止，我们所进行的论述都与柏拉图本人对"书写"的看法相合。对柏拉图而言，书写是模仿的一种，它归根结底也只是一种"复制"。它是对灵魂之言词的复制，在思考的过程中，这些言词并不发出声音；而当声音作为介质时，我们则可以听见它。与其他的模仿一样，在这个例子中，书写之模仿也尽可能地突破模仿的界限，将自己的复本表现为完整的现实。因此，柏拉图时常对"书写"表现出不信任——虽然他自己对书写的擅长使得这种态度看

---

① 《蒂迈欧》24a1。

起来非常矛盾——但事实上,他其实是在提醒我们书写具有模糊性。

苏格拉底在《斐德若》中,讲述了托特神(Theuth)发明书写的神话,其意旨也正在于此。苏格拉底利用这个神话,清晰而准确地说明了书写的局限;另外,这个神话还再次强调了埃及与"书写"有着某种特殊的联系:

苏格拉底:我可以把那些从祖先传下来的传统告诉你;但只有他们知道真相。然而,如果我们可以自己发现真相,我们还会在乎人类的信仰吗?

斐德若:这个问题多么荒谬!但还是请你告诉我那些所谓的传统。

苏格拉底:好吧。这个故事说的是,在瑙克拉提斯(Naucratis)住着一位埃及的古神,其象征是一只朱鹭,他的名字就叫托特。这位神发明了数字、计算、地理与占星术,跳棋与骰子也是他发明的,但是他最为重要的发明则是书写。当时埃及的国王是萨姆斯(Thamus),他住在上埃及(Upper Egypt)最大的城市,希腊人管那个城市叫埃及的底比斯(Egyptian Thebes),并将萨姆斯称为阿蒙(Ammon)。休斯来到萨姆斯这儿,将自己的技艺启示于他,并对他说,这些技艺当传给埃及所有人。萨姆斯问休斯,这些技艺有什么用?休斯一一进行解释,萨姆斯则在一旁时而批评他觉得不好的,时而又赞美他觉得好的。据说,关于每一种技艺,萨姆斯都有许多或褒或贬的看法;因为实在过于冗长,我们就不说了。但是,当轮到书写的时候,休斯说道:"这种学问嘛,国王,它可以让埃及的人们更有智慧,还能够提升他们的记忆能力;我的这个发明是记忆与智慧的秘诀。"但国王却回答说,"学富五车的人儿呀,有的人具有创造技艺的天赋,另一些人则能够评判诸种技艺哪些对使用它们的人有益,哪些有害。而你,因为书写是你的儿子,你对它格外温柔,所以你宣称它具有完全相反的效用。如果人们学习了这种技艺,那么他们的灵魂中就会被播下遗忘的种子;他们将停止练习记忆,因为他们将依赖书写,只靠着外在的符号回想事情,而不再靠自己进行记忆。你的发现不是记忆的秘诀,而只是提示记忆的秘诀。你也不能给学习它的人带来真正的智慧,而只能给他们智慧的假象,因为你告诉他们许多事情,却不教会他们这些事,这让他们看起来知晓很多,而实际上,他们却一无所知。这些人看起来满载而归,但他们所拥有的不是智慧,而是智慧带来的自负,他们将会成为人民的负担。"①

到这里,苏格拉底神话就讲完了。面对斐德若的讽刺,苏格拉底不得不为这个神话的合理性进行辩护。

之后,苏格拉底开始就这则神话发表自己的看法,他的看法包括两个要点:首先,书写不能取代回忆,书写的作用仅在于激发回忆,并保证回忆的流畅与连续;其次,书写只是知识的图像,千万不要将它当作知识本身。换言之,书写为灵魂展示知识的图像,从而使得灵魂可以重新发现原本就在自身之内的知识。这种立场其实在很大程度上受古希腊语的影响——在古希腊语中,*graphein* 表示"书写",同时也有"绘画"的意思。

另一方面,柏拉图所体现出来的这种对书写的矛盾情感,恰恰反映出了古希腊当时的处境。希腊的口头文化以荷马史诗为典型,直至公元前八世纪其成文版本问世,书写文化也并没有完全地替代口头文化。事实上,直到公元前五世纪末(甚至更晚),口头文

---

① 《斐德若》274c1-275b2。

化在希腊文明中都仍然扮演着一个重要的角色。①

所以说,柏拉图对神话的见证恰好处在一个临界点上。在口头与书写两种文化的交替之际,柏拉图实际上为我们描画出了神话的黄昏。或者说,他所描画的,正是整个希腊世界,尤其是雅典,"回忆"发生转变的时刻;这种变化未必包括本质的变化,但它至少意味着"回忆"发挥作用的方式发生了变化——从前回忆由集体中所有成员所共享,现在回忆则成为了部分人的特权:那些有书写习惯的人掌握着回忆;从前回忆总是发生变化,现在回忆则成为了忠实记录信息的模仿活动;从前每一次重复回忆,都相当于对回忆进行再次创作,现在回忆则因为书写而对象化了,它成为了一个给定的事实。②

从公元前六世纪开始,过去与现在之间开始出现截然的区分,很有可能正是回忆的对象化造成了这种区分,而一种"哲学的"与"历史的"研究也因此获益。这些回溯性的研究启发了对"过去",以及"过去"之世界观的普遍怀疑。这场怀疑的危机令许多与柏拉图同时代的雅典人都深受打击,而柏拉图之所以在自己的对话中加入了一些他曾斥为无法证实的非论证元素,或许正是为了回应这种怀疑主义。③

---

① 正如 E. A. Havelock 试图在他的 *Preface to Plato* (Oxford: Clarendon Press; Cambridge Mass.; Havard University Press, Belknap Press, 1963)中表达的观点。关于对此的评价,参见 Alfred Burns, "Athenian Literacy in Fifth Century B. C.", *Journal of the History of Ideas* 42(1981): 371—387。关于古希腊文学,参见 Giorgio Camassa 与 Stella Georgoudi 的书目提要, "Trace bibliographiques", in Marcel Detienne, ed., *Les saviors de l'écriture en Grèce ancieenne*, Cahiers de Philologie 14, Lille: Presses Universitaires de Lille, 1988, pp. 525—538。关于历史方面的阅读,参见 Jespe Svenbro, *Phrasikeleia: Anthropologie de la lecture en Grèce ancienne*, Paris: La Découverte, 1988。

② Jack Goody, "Mémoire et apprentissage dans les sociétés avec et sans écriture: la transmission du Bagre", *L'Homme*, 1977, no. 1, pp. 29—52。

③ Jack Goody & Ian Watt, "The Consequences of Literacy", in Jack Goody, ed., *Literacy in Traditional Societies*, Cambridge: Cambridge University Press, 1968, pp. 27—68.

本书前两章的工作,旨在勾画出柏拉图所处的背景——他是第一个所有书写作品都流传至今的希腊哲学家——此时,口头文化正在没落,柏拉图以种种方式试图保存它,或是描述的,或是批判的。似乎正如黑格尔的名言所说:"密涅瓦的猫头鹰直到黄昏才会起飞。"①

---

① "… die Eule der Minerva beginnt erst mit der einbrechenden Dämmerung ihren Flug", *Hegels sämtliche Werke*, hrsg. von Georg Lassen, Band 6: *Grundlinien der Philosophic dcs Rechts*, [1911] Leipzig: Meiner, 1921, 2: 17.

第三章 创　　制

当信息只作为口头传述的对象时，它的传递、创制与接收总是同时进行的，所以密不可分，而一旦有了书写的参与，这三者之间就开始出现明显的界线。柏拉图的神话用语就透露出了从口头到书面的转变痕迹；其实在公元前八至前六世纪，整个希腊都是如此。

柏拉图认为，诗人的工作之于书写，就好比德穆格（demiurge）的工作之于宇宙。所以，《蒂迈欧》先将工匠神形容为"万事万物的父亲与创制者"（*ton poiētēn kai patera toude ton pantos*）①，随即又将诗人形容为神话之"父"（*patēr*）②，以及神话的"创制者"（*poiētēs*）③。荷马④、赫希俄德⑤与伊索（Aesop）⑥三人在柏拉图的作品中尤其被当作典型。另外，值得我们注意的是，在《斐多》中，"神话的创制者"（*poiētēs*）与"哲学家"（*philosophos*）⑦相对立；而在

---

① 《蒂迈欧》28c3-4。
② 《蒂迈欧》164e2。
③ 《斐多》61b3,4；《理想国》卷二,379a1。
④ 《理想国》卷二,377d4。
⑤ 《理想国》卷二,377d4。
⑥ 《斐多》60c1,61b6。
⑦ 《斐多》60b-61c。

《理想国》中,它又与"城邦的建立者"(*oikistēs*)①相对立。

"宇宙的创造者"与"神话的创造者",柏拉图用于这二者的动词也体现出了它们的类似。在描述世界的创造者时,柏拉图用到 *plattō*②,*poieō*③,*suntithēmi*④ 等词;而形容神话创造者的行为时,他也使用了 *plattō*⑤,*poieō*⑥,*suntithēmi*⑦。用 *plattō* 表示"创制"神话,这种用法至少可以追溯到色诺芬,他将提坦、巨人与人马族之间的战争形容为"祖先的模子"(*plasmata tōn proterōn*)⑧,而"制作神话"其实是动词 *plattō*⑨ 的衍生用法。*plattō* 的本义是塑造、制作模型,或指为诸如金子,蜡,粘土等具有延展性的物体塑形。为了照顾到它的原意,本书将 *plattō* 的衍生用法译作"塑造"(façonner)。

至于 *sun-tithēmi*,这是一个复合动词,其意思非常清晰。它包含两个部分,动词 *tithēmi*(放置)与前缀 *sun*(一起)。于是,这个复合动词的原意就是,将某物的各部分组合起来。作衍生用法时,它的意思即是"创作"。

*poieō*⑩ 是这三个词语中最为重要的一个。通常,这个词素意

---

① 《理想国》卷二,378e7-379a4。
② 《蒂迈欧》42d6,73c8,74a2,78c3。
③ 《蒂迈欧》31b2, b8, c3, 34b3, 35b1, 36c4, 37d5, d6, 38c7, 45b7, 71d7. 76c6, 91a4。
④ 《蒂迈欧》33d2, 69d6, 72e5。
⑤ 《理想国》卷二,377b6;《蒂迈欧》26e4。
⑥ 《斐多》61b4;《理想国》卷二,377c1, 379a3-4。
⑦ 《斐多》60c2;《理想国》卷二,377d6。
⑧ DK 21B1.22。
⑨ 我的词源学及词语形态学方面的信息来自于 Pierre Chantraine 的著作,*Dictionnaire etymologique de la langue grecque* (Paris: Klincksieck, 1968—1980)和 *Information des noms en grec ancien*(Paris: Champion, 1933)。与话语的"创制"或广义的"创制"相关的词汇可参见 Luc Brisson,"Le discours comme univers et l'univers comme discours," *Le texte et ses representations*, Études de littérature ancienne 3, Paris: Presses de l'Ecole Normale Superieure, 1987, pp. 121—128。
⑩ 关于这个动词及它的衍生词,参见 Paul Vicaire, *Recherches sur les mots designant la poèsie et le poète dans l'oeuvre de Platon*, Paris: PUF, 1964。

味着"制造"或"做"(faire)。所以,它和 *prattō* 及 *draō* 有些类似。但是,*prattō* 有"努力去完成"的意味,它表示一个主观的意向;而 *draō* 的意思也与 *prattō* 更为接近,它表达"行为的意愿"。在《荷马史诗》中,*draō* 有特殊的用法,即"帮助某人";在古希腊语中,它更多地意味着某人所承担的责任,而不是某个完成了的行为;另外,*draō* 也被用于表示执行宗教仪式。因此,*poieō* 与 *draō* 及 *prattō* 都有所不同,前者更偏向于对客观的表达。事实上,*poieō* 的本意指"物质意义上的制作"(elaboration materielle),既不表示动作的主观意味,也没有"责任"的意味。

我们已经来到了这项语义学分析工作最重要的部分了——动词 *poieō* 更多地表示客观的意味,而非感性的意味,无论是在宇宙论的语境中,还是在文学语境中,都是如此。①

造物神的行为显然是属于宇宙论的论域的。造物神必须以理型为模本,并且受到空间的限制。因此,它只能"尽可能地"进行工作。② 而在文学的领域有同样的限制。我们会发现,在柏拉图看来,诗歌总是在集体的口头传述中发挥其作用的——它重新组织信息的内容,并赋予信息一个特殊的形式。

在造物主与诗人的情形中,二者的行为有相似之处。所以,自然而然地,实词 *poiētēs* 可以同时指涉宇宙制作者与诗歌制作者——*poiētēs* 由名词 *poieō* 派生而来,后缀 *-tes* 表示动作的施动者。这个实词既表示一般的"制作者"③,其本义与衍生义还特指某些种类的"制作者"。譬如,*poiētēs* 可以指一些具体的工具的制作者④;

---

① Bruno Snell, "*Das Bewusstsein von eigenen Entscheidungen im frühen Griechentum*", Philologus 39(1930): 141—158.

② Luc Brisson, Le Même et l'Autre dans la structure ontologique du "Timée" de Platon, 1974; Sankt Augustin: Academia Verlag, 1994 修订版, ch. 1, esp. 31, pp. 35—50.

③ 《理想国》卷十,596d4。

④ 《理想国》卷十,601d9,e7。

它也可以指"神",即"真正的"床的"制作者"。① 相比之下,艺术家只是制作了这张床的影像②,所以 poiētēs 也指模仿者,即影像的制作者(第六章讲到模仿时会特别讨论他们的行为)③;它甚至可以指苏格拉底——他被指控为神灵的"制作者"。④ 因此,poiētēs 的诸多词义已经将 poieō 包括进去,这也不难理解,毕竟前者是后者的衍生词。柏拉图最常用它来指"诗人",这只是 poiētēs 的众多意思之一——而 poiētēs 的所有意思都与广义的"制作者"相关。

poieō 另有一个衍生实词,即 poiēsis,后缀 -sis 表示动作。这个词与 poiētēs 一样,其多样的词义也将 poieō 包括在内:poiēsis 既指一般的"制作"⑤,也表示一些特指的"制作"。它可以用在文学语境中,表达特殊的制作⑥,它还有更为特殊的用法,即指"制作旋律"⑦,"制作悲剧"⑧。在《政治家》⑨中,这个词语甚至隐喻"制作衣服"。和在许多其他例子中一样,柏拉图自己也就这些词语给出了语义学的理论分析:

> 狄奥提玛:你也知道,"制作"(poiēsis)所表达的意思远不止一种——将某件从前没有的事物创造出来就叫"制作"(poiēsis),所以各种与技艺相关的实践(ergasisai)都是"制作"(poiēsis),而所有的"工匠"(dēmiourgoi)都是"制作者"(poiētai)。

---

① 《理想国》卷十,597d2。
② 《理想国》卷十,597d11。
③ 《理想国》卷十,601b9。
④ 《游叙弗伦》3b2。
⑤ 《卡尔米德》163b9,c4,d3,e1;《理想国》603b7;《智者》234a1,265b1,266c5,268d1;《会饮》196e5。
⑥ 《美涅克塞努》39c6;《斐德若》267c2;《法义》卷二,656c4。
⑦ 《高尔吉亚》449d4。
⑧ 《斐德若》268d1。
⑨ 《政治家》282a7。

第三章 创　制

  苏格拉底：不错。

  狄奥提玛：然而，其实我们并不把他们都叫作"诗人"（*poiētai*），他们都有其他的称呼。但是，从"制作"（*poiēseōs*）整体看来，其中只有一小部分被单独分离出去，这一部分便是专职音乐与节律的部分，我们用整体的名字称呼它。而且，只有这一种技艺被称为"诗"（*poiēsis*），而实践这种"制作"（*poiēseōs*）的人则被称为"诗人"（*poiētai*）。

  苏格拉底：确实如此。①

  poiēsis 原指一般的生产制作行为，在这里则特指"话语的制作"；《会饮》的这一选段非常清晰地向我们解释了这种词义的转变。

  然而，这种特殊的话语究竟指什么？我们或许仍然心存疑问。在《高尔吉亚》中，苏格拉底为我们提供了一段说明：

  苏格拉底：好吧，如果你一定要将旋律（*melos*）、韵律（*rhuthomon*）与节律（*metron*）都从诗歌中剥离出去，那么剩下的是不是只有话语（*logoi*）了？

  卡利克勒：是这样的。②

  在这里，我们没有必要细究 *melos*, *rhuthos* 与 *metron* 等术语的意思。这一段话中，苏格拉底告诉我们，诗歌包含着话语——大部分时候，这些话语都蕴藏在韵文之中——当我们背诵它或吟诵它，常常佐着配乐，有时还伴着舞蹈。

  不过，我们需要稍作留意，歌曲、配乐与舞蹈，三者都属于表演领域；而我们目前主要关注的是制作领域，即我们应该主要审视诗

---

① 《会饮》205b8-c10。
② 《高尔吉亚》502c5-1。

歌中"话语"部分的形式及内容。关于这个问题,下面引用的《斐多》选段说得最清楚不过:

斐多:苏格拉底从床上坐起来,他将腿伸直,一边按摩自己的腿,一边说到,多么奇怪啊,朋友们,这种感觉通常被称作快乐!值得注意的是,这种感觉与痛苦——我们通常认为这是它的对立面——何其接近。这两者决不会同时出现,但是如果你追求其中一个,并且将它抓住,那么你几乎总是、也不得不拥有了另一个;它们就像一个脑袋下面长了两个身体。我想,如果伊索曾经想过这个问题,他肯定会制作一则神话(*muthos an suntheinai*),比如——神想要停止他们之间不断的争吵,但是神发现这是不可能的,于是他就将二者的脑袋合在了一起;之后,只要二者中有一个出现,另一个也定然会随之出现。我现在就完全是这种情况。脚镣让我的腿痛苦不已,但是一旦将它拿下,我随即便感到十分快乐。

此时,克贝插话到,噢,没错,苏格拉底!还好你提醒了我。一两天前,厄尔努斯(Evenus)问我,此前还有别人也问过我,关于你最近模仿伊索寓言(*tous tou Aisōpou logous*)及阿波罗开场戏(*enteinas*)创作的诗歌(*tōn poiēmatōn hōn pepoiēkas*)。他想知道是什么促使你进入监狱之后,还创作这些诗——你在此前从未做过(*poiēsa*)类似的事情。如果厄尔努斯再问我——我确定他肯定会再问的——你想要我怎么回答,告诉我,我应该说些什么。

告诉他实情,苏格拉底说,我创作这些诗(*epoiēsas tauta*)并不是为了与他和他的诗歌(*tois poiēmasin*)竞争,我知道这不是易事。我之所以这么做,是在试着发掘一些梦的含义,凭良心说,这次我被告诫要实施这种技艺。你瞧,就是这样。在我生命

第三章 创　制

的过程中，我时常做同样的梦，这些梦在不同的时间有不同的形式，但它们都在讲同一件事：制作音乐（*mousikēn poiei kai ergazou*）。过去，我认为它劝诫并驱使我去做我实际上所做的事情；我是说，就像观众激励着赛场上的跑步运动员，这个梦促使我去做那些我一直以来都在做的事情，即创作音乐，而哲学是最好的音乐，所以我一直在实践哲学。但是，自从我受到审判后，而且那位神的节日使得我的死刑被延后了，我就觉得或许那个梦其实希望我创作这种更为通俗的音乐形式（*tautēn dēmōdē mousikēn poiein*），所以我应当生产（*poiein*）它，不要违抗。我想在离世之前，通过创作诗歌（*poiēsanta poiēmata*）来纯洁自己的良心或许是更安全的做法。我开始创作了一首诗，以纪念那位神，那个节日就是属于他的。当我写完了我的赞歌，我想到一个名副其实的诗人应该创作神话，而不是创作论证性的演说，而我并不擅长讲神话故事。所以，我借用了一些我所熟悉的、现成的伊索神话，然后将它们变成诗歌（*poiēsa*）。①

这段对话中隐含了许多重要的信息，D. Sabbatucci② 最近正在针对它进行研究。

首先，根据这段对话的说法，诗歌似乎是隶属于音乐领域的，它也有和弦（l'harmonie）与节奏。另外，对话还表现出，诗歌的创作过程会经历两个不同的环节：一个是针对话语内容的创作，譬如伊索；另一个则是针对话语形式的创作，譬如苏格拉底。最后，柏拉图还在这段话中说明了存在于音乐与某种灵感之间的

---

① 《斐多》60b1-61b7。

② Dario Sabbatucci, "Aspetti del rapporto *mythos-logos* nella cultura greca", in Bruno Gentili and Giuseppe Paione, eds., *Il mito greco*, Atti del Convegno internazionale (Urbino 7—12 maggio 1973). Quaderni Urbi nati di cultura classica, *Centto internazionale di semiotica & linguistica*, Istituto di filologia classica, Rome, 1977, pp. 57—62.

联系。

　　我们先回到这段话最重要的主题,即诗歌的创制。它的第一道工序关乎诗歌的内容。而这个内容,正是被苏格拉底称作"神话"的话语,它与 logos 形成对照——logos 是哲学家制作的话语,一种"论述性的话语"。诗人创作神话,并不是无中生有,他们从传统之中撷取所需的元素——无论这些元素是否已经经历过其他诗歌的阐释——然后再以故事的方式将它们组织起来。这种做法可以通过一个特殊的语境,将关于这些元素的记忆重新唤醒,或是保存下来。根据老克里底亚的说法,梭伦就是这样将塞斯祭司的故事转述给他听的:

　　　　是的,阿密南德(Amynander),如果梭伦像其他诗人一样,将诗歌当作事业,并将他从埃及带回的故事好好完善,而不是在回国之后为国内的琐事与麻烦缠身,那么我想他会成为像荷马和赫希俄德那样有名的诗人。①

在这个例子中,梭伦本质上与荷马、赫希俄德等诗人无异。事实上,《奥德赛》②与《伊利亚特》中的点船录(le catalogue des vaisseaux)③都以对缪斯——宙斯与摩涅莫辛涅(Mnemosyne,记忆女神)④之女——的祷词为开头,赫希俄德的《神谱》⑤也是如此。

---

① 《蒂迈欧》21c4-d3。
② 《奥德赛》1.1—10。
③ 《伊利亚特》2.484—93。
④ 关于这个问题,参见 E. A. Havelock, *Preface to Plato*, Oxford: Blackwell, and Cambridge, Mass.: Belknap Press, Harvard University Press, 1963, pp. 97—114;以及 Marcel Detienne, *Les Maîtres de vérité dans la Grèce archaïque*,[1967]Paris: Maspero, 1973, pp. 9—27。
⑤ 《神谱》1—2, 22—23, 36—55。

第三章 创 制

因此，我们应该格外注意：在对话中，克里底亚根据梭伦所说，转述古雅典与亚特兰蒂斯之间的战争时，也效仿了诗歌的模式，以对缪斯及阿波罗的祷词为开头。①

> 赫谟克拉底：……那么，你一定要像个男人一样开始你的讲述，请求阿波罗与缪斯来帮助你，赞美与歌颂你古时的雅典同胞。
> 克里底亚：……不管怎样，我必须接受你的意见，尽可能地祈求神的帮助，也包括你刚刚提到的那些神，但首要的是记忆女神。我谈话的所有幸运都来源于她的力量。如果我能充分地回忆并讲述出，由梭伦带回来的祭司们所讲的故事，我想在座的听众们②就都会认为我很好地完成了任务。③

小克里底亚似乎"将缪斯理解为社会制约的宗教表现"。④ 但是，应当注意，此处柏拉图更加强调这种祝词的宗教维度，而非社会维度。诗人之所以会在作品的开头向缪斯及她的母亲摩涅莫辛涅祝词，是为了指出自己的职能。诗人就好像预言家⑤——柏拉图指出诗人与预言家有许多相似之处——诗人"是有知之人，因为比起他人，诗人牢记着过去，并为过去作见证"。⑥ 诗人在这个时候关闭了自己的理性活动，从而化身为神圣者的代言人，神通过诗人表现自身。⑦

---

① 关于这些神祇的具体联系，参见 *The Homeric Hymn to the Muses*。
② Cf.《克里底亚》108b3-7。
③ 《克里底亚》108c2-d7。
④ Jesper Svenbro, *La Parole et le Marbre*, Lund, 1976, 32.
⑤ Luc Brisson, "Du bon usage du dérèglement", *Divination et Rationalité*, Paris: Seuil, 1974, 220—248。
⑥ Pierre Vidal-Naquet, *Préface à Homère*, *Iliade*, Paris: Gallimard, 1975, p. 19; 以及"'Iliade' sans travesti", *La Démocratic une d'ailleurs: Essai d'historiographie ancienne et moderne*, Paris: Flammarion, 1990, p. 41。
⑦ 《伊翁》533c-534b。

总而言之，神话或许真的被当作"神的话"。对柏拉图而言，由于涉及模仿，事情则没有这么简单，诗人诉诸模仿来"制作"神话，而模仿中充满了模糊性。

诗人的作品既在乎神话的形式，亦在乎神话的内容。苏格拉底在《斐多》中解释到，他将伊索的神话①放进了自己的诗句中——因为对话中谈到这些神话是由伊索创作出的，所以苏格拉底毫不含糊地用了动词 *poieō* 以形容这个动作。另外，苏格拉底也清楚地说，他将伊索的神话写进了韵诗里。②

用动词 *enteinō* 形容这个动作倒是有些令人意外。*enteinō* 是个合成词，由前缀 *en*-（在……之中）与动词 *teinō*（伸展）构成，它在广义上指"伸展，保持或服从于……"。所以，这个词语在《斐多》60d1 中的用法是非常罕见的，它表示"放进韵诗句中"或"服从于某一尺度"。③ 这个动作通常会用 *en metrōi* 来表示。*metron* 的意思是"尺度"，在描述与诗歌有关的话题时，则指一组音节；稍作延伸，它首先指那些本质由其音节的数量及价值所规定的诗句，然后再指诗的本身。而 *en metrōi* "在诗体中"的反义词就应该是 *aneu metrou* "不在诗体中"，二者的对立意味更为明显。

这一组反义词能让我们想到另外两个相对照的词语：*poiētēs*（诗人）与 *idiōtēs*（散文作者）。*Idiōtēs*，由形容词 *idios*（简单的），与后缀 -*tēs*（表行动者）组成。它指制作简单话语的人，与"制作特殊形式话语的人"相对照。在《斐德若》中，苏格拉底非常清晰地谈到这个问题：

苏格拉底：那么什么是好的书写，什么是坏的书写呢？斐

---

① 《斐多》61b5 sq。
② 《斐多》60d1。
③ 《理想国》卷二，380c1；《斐德若》258d10, 267a5, 277e7。

德若啊,这个问题难道不应该由我们去考察吕西阿斯的作品,以及其他所有写成了的或未写成的、关于政治主题抑或关于个人主题的作品,无论它是有韵律,譬如诗人的作品,抑或没有韵律的,譬如散文作家的作品,然后得出结论吗(*en metrēi, hōs poiētēs, ē aneu metrou, hōs idiōtēs*)?①

在《法义》卷十890a4中也能找到这种对照。因此,与散文作者相比,诗人显然表现为专家;诗人令自己制作的故事合辙押韵,从而赋予它们特殊的形式。

通过作品的形式,诗人使得作品的内容也变得完整。作为集体交流中的专家,他对口头传统进行了重新的组织,制作出朗朗上口的故事,而在故事的形式方面,诗人此时再运用上摩涅莫女神们的记忆法——诸如格律、反复等——就使得诗歌更为有力了。

---

① 《斐德若》258d7-11。

第四章 讲　　述

　　神话是如何被讲述的？要弄清楚这个问题，我们必须首先回答另外三个问题：(1)是谁讲述神话？(2)"讲述"神话这一动作通常由哪些动词表示？(3)神话是以何种方式被讲述的？

　　在讲述神话的人当中，有部分人是以此为业的，其他人则并非如此。那些"职业"的讲述者，其实也就是创作神话的人：诗人①，以及其他诗歌周边的职业，包括诵诗人(rhapsodists)②，演员，以及舞者。③ 尽管柏拉图没有哪篇文本专门地描述他们讲述神话的过程，但每每文本提到他们，我们或许都会毫不犹豫地将神话讲述

---

　　① 《理想国》卷二，377d4-6。

　　② 关于"诵诗人"，参见 Raphaël Sealey，"从斐米欧斯到伊翁(From Phemios to Ion)"，*Revue des etudes grecques* 70(1957)：312—355；亦可参见 Milman Party 的研究，他的研究更为宽泛，包括 *L'Épithète traditionnelle dans Homère*，Paris：Les Belles Lettres，1928，以及 *Les Formules et la Métrique d'Homère*，Paris：Les Belles Lettres，1928；另外，还可参见 Adam Parry ed.，*The Collected Papers of 'Milman Parry*，Oxford：Clarendon Press，1971；Jesper Svenbro，*La Parole et le Marbre*，Lund，1976。此外，Monique Canto 对柏拉图《伊翁》的介绍(Paris：Flammation，1989)中也有更细节、更现代的讨论。

　　③ 《理想国》卷二，373b6-8。关于这个问题，参见 Arthur Pickard-Cambridge，*The Damatic Festivals of Athen*，2d ed.，J. Gould 与 D. M. Lewis 校，Oxford：Clarendon Press，1988；以及 H. C. Baldry，*The Greek Tragic Theatre*，London：Chatto & Windus，1971。

活动与他们联系在一起。

如果我们相信伊翁（Ion）所言——此人在对话中就是一位诵诗人——那么诵诗人就只是"对'神圣事物的诠释者'进行诠释的人"；所谓"神圣事物的诠释者"，指的正是诗人。因此，像伊翁这样的诵诗人，其实也与神圣事物有关。① "诵诗人"这个角色最常出现在宗教庆典上，尤其常常出现在与竞赛相关的语境中。《蒂迈欧》开头小克里底亚的话佐证了这一点：

> 那一天是阿帕图亚节的 *Coureōits*（青年登记日），按照习俗，这一天，我们的父母会为朗诵颁发奖品，我们这些孩子朗诵了几位诗人的诗歌，其中好几个人读了梭伦的诗，那时候，他的诗还很时兴。②

尽管老克里底亚在这里没有提到真正的诵诗者，但他提到在阿帕图亚节的剪发礼日，孩子们会充当诵诗者；另外，从他的话中，我们也很容易看出，泛雅典娜节期间③，在孩子们间有一场小小的诵诗比赛。

泛雅典娜节是对埃里克特翁尼亚斯（Erichthonios）生辰的纪念。赫淮斯托斯是宙斯的儿子，也是雅典娜同父异母的兄弟；传说雅典娜为了打造武器，前去拜访他，赫淮斯托斯竟企图强奸雅典娜。女神逃开，却又被捉住；挣扎之中，赫淮斯托斯的精液洒在了女神的腿上。雅典娜用木头擦拭精液，然后将它们洒在地上。盖亚（地母 Gaia）于是受孕，诞下了一名男婴，就是埃里克特翁尼亚斯，他是雅典人共同的祖先，正是因为他，雅典城邦才获得了本土

---

① 《伊翁》533c—34d。
② 《蒂迈欧》21b1-7。
③ J. A. Davison, "Notes on t he Panathenaea", *Journal of Hellenic Studies* 78 (1958): 23—42.

性(l'autochthonie)。① 这也是雅典人将泛雅典娜节视作他们的"民族节日"的原因。雅典的殖民地与旁支也会参加节日的庆典；他们献上船只与牛群以宣示自己对雅典的附属。事实上，这些雅典同盟也在这个节日期间，计算未来四年的贡税数额。

泛雅典娜节四年一度，通常在赫卡通巴翁月(Hecatombaeon)的二十八日举行(即公历的七月中旬)，而雅典娜节也在每年相同的时候，不过它的庆典一年一度。接下来，我将谈一谈泛雅典娜节的庆典，以及这个节日的发展过程，并且大致地描述它在宗教、政治及竞赛方面的特征。

这个节日的庆典通常由数位一般行政官员负责：名年执政官(l'archonte-éponyme，他们"用自己的名字给年份命名")，主执政官们及议会(la Boulè)。然而，其中也有一些特殊官员的参与：竞技官(les athlothètes，"主持赛事"之人)，以及司祭官(les hiéropes，"主持宗教祭礼"之人)，后者扮演了最为重要的角色。

将一件叫作 *peplos* 的衣裳献给女神的"旧像"，是整个庆典活动的高潮。早在庆典举行的九个月前，在纪念雅典娜与赫淮斯托斯的考克亚节(Chalkeia)当日，人们就开始着手准备这件衣裳了。在赫卡通巴翁月二十八日的拂晓，有一列队伍会从雅典的郊区凯拉米克(Ceramic)出发，上行至雅典卫城。在那儿，已备好两场祭礼；规模稍小的祭礼为神献上切分好的肉块；而另一场祭礼则是盛大的百牲礼(献祭"百头公牛")，祭礼中的肉食会分发给雅典人民。接着，则是为女神旧像献上新袍的环节了。这座神像起先立在雅典娜的"旧神庙"之中，但是公元前 480 年，这座神庙被波斯人毁坏，公元前 421 年后，神像便迁至伊瑞克提翁神殿(Erechtheion)。

在举行这些宗教典礼之前，城邦会举行一系列竞赛，早在宗教典礼开始前的数日，这些竞赛就已经拉开序幕了。竞赛主要有三

---

① 《蒂迈欧》23c1-2。

类：音乐竞赛、马术竞赛以及体育竞赛。除此之外，也有一些较小型的竞赛：战舞比赛（danse pyrrhique）、火炬接力赛跑以及赛艇会。其中，火炬接力赛在赫卡通巴翁月的二十七日举行，从二十七日的夜晚一直进行到二十八日的夜晚。

至于诵诗比赛，我们目前知道比赛过程中会朗诵荷马的诗歌，但是并不清楚这个比赛什么时候举行，也不知道它的持续时间。在《伊翁》中，伊翁赶赴雅典正是为了参加这场比赛。① 他从厄庇道鲁斯（Épidaure）前来，在那儿，他刚刚参加了另一场阿斯克勒庇俄斯节（fêtes d'Asclépius）的朗诵比赛——这个节日同样是四年一度。这篇对话所提供的信息让我们对诵诗者的言行有了一个大致的概念。诵诗者穿着正式的庆典服饰，并戴着金色的冠。② 伊翁提到了："从舞台上面"③、"诗歌"、"尤其是荷马的诗歌"④、"虽没有伴乐"⑤——虽然对话后来将斐米乌斯（Phemios）也描述为一位史诗吟诵者（《伊翁》523c1），他手舞足蹈，而肢体动作通常是演员们的专利⑥——但是，前面那些描述都应该是真实的。诵诗人们都经历过严格的训练，引荷马为权威。⑦

苏格拉底则提到了悲剧诗比赛——酒神节（des Dionysies）期间，雅典会举行这种比赛——他将蒂迈欧、克里底亚与赫谟克拉底三人比作被地方行政官挑选来参加比赛的诗人。⑧ 这些比赛往往

---

① 《伊翁》532a-b。
② 《伊翁》530b6-8，535d2-3。
③ 《伊翁》535e2。
④ 《伊翁》531a1-3。
⑤ 《伊翁》533c1。
⑥ 《伊翁》532d6，536a1；cf.《理想国》卷三，395a8。
⑦ 《伊翁》530d7；cf.《理想国》卷十，99e5；《斐德若》252b4。据第欧根尼·拉尔修称(1.57)，雅典娜节期间的诵诗比赛是梭伦规定的。
⑧ 《克里底亚》108b3-7；cf. d3-6。

都具有异常鲜明的宗教与政治特点。

　　雅典共有三个纪念狄俄尼索斯(Dionysos)的节日。① 其中最古老的一个当属安塞斯塔利亚节(les Anthestéries)，在每年安塞斯塔利亚月的十一、十二及十三日举行(公历的二月末)；它与戏剧毫无联系。戏剧节则在伽米利昂月举行(公历一月末)，庆典时分别会有喜剧(约自公元前 432 年始)与悲剧(约自公元前 442 年始)的竞赛。还有一个节日，我们不曾谈到，而正是在这一个酒神节中，戏剧扮演着最为重要的角色。酒神节有乡野与城市之分。乡村酒神节在波赛迪翁月(Poseideon，公历十二月)举行。kōmos，是这个节日的要素，喝醉的人们结成队伍，载歌载舞，举着巨大的 phallos 穿过街道。从某个时候起，戏剧表演也穿插其中；但是究竟是从何时开始的，则不得而知。至于城市酒神节，又叫大酒神节(Great Dionysia)，或者直接被简称为酒神节，于每年的爱拉弗波里翁月(Elaphebolion，公历的三月末)举行。地方执政官负责组织这个节日的庆典。

　　人们设立这个节日，以纪念狄俄尼索斯·埃勒尤斯利厄(Dionysus Eleuthereus)，这一天中，人们会将保存在老神庙中的狄俄尼索斯神像带至雅典；老神庙被剧院围绕在内，它坐落于埃勒尤斯利(Eleutherae)，位于阿堤卡(Attica)与波俄提亚(Boetia)之间。当节庆开始，人们就在城邦的外围传递神像，人们会先将神像送往另一座神庙，这座神庙坐落在通往埃勒尤斯利的路上，距离阿卡德米学园也不远。随后，人们将神像送到火炬之下，并将它放置在剧院之内。接下来，各类比赛就要开始了，戏剧诗(悲剧、戏剧、羊人剧)与抒情诗(酒神赞美诗)纷纷上演——然而，这些比赛并不是让这个节日显得尤为重要的唯一原因，还有另一个原因——即在这一天中，剧院会向所有希腊人开放。正值此际，雅典的公民们齐聚

---

① Pickard-Cambridge, *Dramatic Festivals of Athens*, pp. 1—125.

一堂,因此,这个节日也为许多至关重要的政治事件提供了公布的场所。

我们对悲喜剧比赛掌握着更多的信息,而关于酒神赞美诗比赛则所知不多。我们大概知道这些比赛最先的准备工作——十个部落分别挑选出自己的合唱团指挥,其中五位指挥负责成年男子合唱,另外五位则负责男童合唱。在此之后,每位指挥都会寻找一位诗人及一位笛子演奏家,组成一个属于自己部落的五十人合唱团。最后获取胜利的指挥会代表他的部落领取奖励——一尊三足鼎(trépied),上面刻着碑文,以此纪念他的付出与努力。

在悲喜剧比赛中,由执政官为诗人提供合唱队。地方行政官挑选出三位悲剧诗人,五位喜剧诗人;悲剧诗人必须呈上四台演出:三部悲剧及一部羊人剧;而喜剧诗人则只需准备一出喜剧。

地方行政官为每位诗人配备一名指挥,指挥负责组织合唱团,指挥将招募十五位合唱歌手,一位笛子演奏家,以及一位专业的合唱教师(自公元前五世纪末起,合唱指挥们才开始招募专业教师)。最后,每场戏剧还需要三名演员:一位主角,一位主要配角,还有一位次要配角。起初,诗人自己会在剧中扮演角色;而到公元前五世纪中叶前后,行政官员开始介入选角活动,他们通过投票的方式,为三位悲剧诗人挑选出主角的扮演者(至于喜剧的选角,我们则知之甚少)。

正式比赛开始前,还有一项准备工作尤为重要——组织者会采取各种手段以避免贿赂。Boulē 会根据十部落提供的信息拟出一份比赛裁判的备选名单,上榜的具体标准为何,我们已无从得知。庆典开始前,这些名单分别被置于十个瓮中,每个部落对应着一个瓮;合唱团指挥与 Boulē 的长官会一起将这些瓮封住,然后将这些瓮留在卫城的金库里,直到庆典开始,才将瓮打开。

最后,在庆典开始的一至二日前,通常会举行一场官方的典礼,proagōn(比赛的前奏),这场典礼的主要目的在于通知整个城邦,庆典的一切都准备就绪了。诗人、合唱团指挥、演员、乐师以及合唱歌手们纷纷来到剧院旁边音乐厅(Odéon)。似乎此时每位诗人还会带着(未着正式演出服装的)演员们来到舞台上,宣布将要表演的戏剧的名字,或许还会对它进行简短介绍。

酒神节的第一天清晨,一场载歌载舞的游行宣告庆典的开始。游行队伍举着巨大的 *phalloi*,要将它送往狄俄尼索斯剧院;与此同时,剧院之中正为狄俄尼索斯举行着献祭。游行队伍到达之后,酒神赞美诗比赛便开始了;等到夜幕降临,人们还将举行 *kōmos* 狂欢。

次日,随着一套繁琐的仪式,戏剧比赛拉开了帷幕。为了净化剧院,人们会献祭一头小猪,并奠酒祭神。这一天,也是雅典的同盟一年一度带着自己的部落来到雅典的日子,来访人数在上一个四年一度的泛雅典娜节就确定好了;年轻的雅典人会在群众前列队相迎,他们手持银制器皿,泠泠作响,以显示部落的富余。为城邦作出杰出贡献的公民及外邦人会受到表彰并获得荣誉;战死军人的儿子们也列作一队,在他们就位之前,还会听到一席简短的劝诫。最后,则是公布裁判的环节。人们从卫城将那十个瓮运到这儿,然后打开瓮的封口,执政官会报出他们每一个人的名字,这十个被选中的公民随即宣誓,一定会作出公正的裁判。

伴随着一阵嘹亮的小号,第一台剧正式开演。在和平时期,演出长达四日之久:一日演出五部喜剧,另三日则演出三部悲剧与一部羊人剧。而在伯罗奔尼撒战争时期,演出则减少到了三日,喜剧的数量也从五部减少到了三部:三部悲剧与一部羊人剧在每日上午演出,下午则演出一部喜剧。

比赛结束之后,就是评选比赛结果的环节。十位裁判分别按照自己的喜好程度,将评定结果写在一块板子上,然后将板子置于瓮中。执政官会随机带走五个瓮,比赛的最终结果就从中产生。随后,执政官会宣布获胜的诗人与乐队指挥,并为他们带上藤冠。

接下来便是一场属于胜利者的庆典，作为嘉奖，合唱团指挥会得到一块刻有铭文的小碑，戏剧主演则有幸将自己的演出面具献给狄俄尼索斯。

与其说酒神节是一场戏剧盛宴，倒不如说它是个政治事件。演出结束后的第三天，公民们将聚集在剧院中，举行一个特别的公民大会（Ekklēsia），讨论节日庆典的进行状况。讨论的焦点主要集中在执政官及其下属们身上——他们是否进行了有力的组织与管理——他们或会获得赞赏，也可能受到批评指责。

在雅典，神话的职业讲述者在讲述时究竟是怎样的景况？通过上面对雅典酒神节庆典的简短描述，我们已经看见了一些根本性的要点。

比起喜剧与羊人剧，悲剧与神话的关联更为明显。事实上，正如尼斯特尔（Wilhelm Nestle）所言，当神话开始具备公民的视角时，悲剧才从中产生。① 悲剧诗人重拾了荷马、赫希俄德及史诗作者"创造"的伟大神话，然后依照着城邦所奉行的理念，将它们重新组合，使之成为一种特殊的文学形式。悲剧中的英雄都是神话人物，"据说，与欧里庇得斯同时代的年轻人阿伽通，也就是在柏拉图的《会饮》中表演悲剧的年轻人，他是第一个写出有原创人物的悲剧的人；经典的悲剧虽然没落了，但这并不妨碍'悲剧'成为一种恒远流传的文学形式。"②在每一部悲剧中，都有耳熟能详的神话穿插其中，随着城邦历史的变迁，这些神话以不同的方式得到了的复述，它们所处的语境各不相同——可能与宗教相关，也可能与政治或竞赛相关。

酒神节——就像例纳节（Lenaia，节庆时也举行戏剧比

---

① Wilhelm Nestle, *Vom Mythos zum Logos*, 2d ed., Stuttgart: Kröner Verlag, 1942.

② Pierre Vidal-Naquet, Preface to Sophocles, *Tragedies*, Paris: Gallimard, 1973, p. 13.

赛)——它首先是一个纪念狄俄尼索斯的宗教节日,节庆时总要进行一些固定的仪式(如游行、献祭等),但它并不仅仅是一个宗教节日,同时也是一个十分重要的政治事件。执政官介入到节庆中,节庆中穿插着的一系列具有政治意味的活动(譬如向城邦公民及有资格的外邦人颁发荣誉,向战死的战士后代表示敬意等),以及庆典结束后召开的公民大会(Ekklēsia),无不昭示着酒神节在雅典政治中扮演着重要角色。除此之外,雅典的联盟也在每年的这个时候向雅典的部落缴纳四年一度的泛雅典娜节确定下来的贡税,如此说来,酒神节在雅典的外交事务中同样扮演着重要角色。

最后,悲剧、羊人剧与喜剧的演出全都伴随着竞赛(agōn)的节奏。① 戏剧比赛或许可以追溯到从前的军旅生活,《伊利亚特》与《奥德赛》都为此提供了例子。事实上,帕特罗克勒斯(Patrocles)的葬礼正是在一场 agōn 的进程中举行的②,葬礼上开展了一系列竞技活动。③ 在经历了一连串的演变之后,agōn 后来才用来指比赛本身,以及与竞赛相关的意思。当然,从英雄的集会到寡头政治下的公民集会,再到城市广场(agora)上的公民大会(Ekklēsia),其中也有着明显的连续性,因为政治辩论构成了一种类似于葬礼竞技会的法制化的斗争。城邦中的不同竞赛似乎都是葬礼竞赛的不同翻版。我们甚至可以说,这些竞赛是作为一种范例进入到城邦的政治生活之中的。

我们刚刚所说的,关于狄奥尼索斯节的宗教、政治以及竞赛面向,也适用于雅典娜节(mutatis mutandis)。雅典最重大的赞美诗

---

① Jean-Pierre Vernant, *The Origins of Greek Thought*, Ithaca: Cornell University Press, 1982, pp. 41—42; Marcel Detienne, *Les Maîtres de vérité dans la Grèce archaïque*, pp. 82—84.

② 《伊利亚特》23.507,685,710,799。

③ 《奥德赛》24.80—89。

比赛、酒神诗比赛，以及悲喜剧、羊人剧比赛，都在两个雅典娜节期间举行。这些比赛为诵诗人、演员、合唱团舞者等"职业人士"提供了演绎神话的机会。① 然而，在日常的环境中，那些"非职业"的人才是讲述神话的主体。在柏拉图的笔下，这些非职业的神话讲述者往往是老人或女性。

让我们来看看亚特兰蒂斯的例子中，柏拉图对"老人"的刻画。据小克里底亚说，在塞斯的时候，把故事讲给梭伦的，是一位"非常年迈"的祭司。② 之后，这个故事又由九十高龄的老克里底亚复述给了小克里底亚。③

另外，普罗泰格拉也提到过这个原则：总是老年人将神话讲给年轻人听。④ 但是，究竟为什么"年龄大"会这么重要呢？我们很快就可以给出两个答案。第一个答案与信息有关，而另一个答案则与交流沟通有关。在书写文明中，信息的积累并不与"个人"相关，信息的保存依赖于各种物质媒介。但是，在口头文明中，任何信息的积累都受限于个人，信息的传递也与个人密不可分。从这个角度看来，年龄之于个人知识的深度，即便不是充分条件，也是一个必要条件。

第一个答案着眼于信息的角度，而第二个回答则与严格意义上的"交流"相关。信息已经经过了漫长的口头传递，而年纪大的叙述者会将此过程中对信息的损坏降到最小。所谓信息的损坏是指故事在代际的口头传述过程中或会遭到的篡改。而假若是一位祖父正直接给他的孙儿讲故事，那么这至少就已经减少了一次对信息的损坏。

女性，是另外一个十分典型的讲述神话的群体。根据柏拉图

---

① 《法义》VIII 834e2-835a1。
② 《蒂迈欧》22b4。
③ 《蒂迈欧》21a8-b1。
④ 《普罗泰格拉》320c2-4。

的描述,讲述神话的女性角色有母亲(mētēr)①、保姆(trophos)②以及老妇人(graus)③。最后一个角色集中地展现了之前我们所强调的讲述者的两种特质:她同时是老人,又是女性。那么,我们怎么解释第二种角色呢? 如果说她们是首要的神话讲述者,倒也不难理解,因为她们与孩子们关系亲密——而正如之后我们将看到的,孩童正是首要的神话听众。除此之外,在柏拉图看来,对于母亲与保姆,"讲述神话"应是她们照料孩子的首要内容之一:"对于那些可以被接受的神话,我们会让保姆和母亲将它讲给孩子听,好用这些神话塑造他们的灵魂,胜过用手养育他们的身体。"④

这段话尤为重要,我们可以从中看出神话在古希腊教育中所扮演的角色。

柏拉图用来描述"叙述神话"的最重要的动词是 legō,这个词汇出现了数次,皆是表达相关的意思。⑤ 就它在此处的用法看来,legō 表现出了其词根 leg- 的部分意思,"按顺序过一遍,依照计划",通常情况下,这个词与现在时的 eipein-erein("说")的用法相同。另外,legō 的位置还常常会被 phtheggomai 所取代,这个词的意思是"使得某人的声音被听见"。⑥ 这个动词只有一次与 muthos 一同出现(《法义》卷二,664a5-7),但是它暗示着神话归根结底是通过口头流传的。最后,动词 diēgeomai("详述细节")⑦与

---

① 《理想国》卷二,377 c2-4,381e1-6;《法义》887d2-3。
② 《理想国》卷二,377 c2-4,381e1-6;《法义》887d2-3。
③ 《高尔吉亚》527a5-6;《理想国》卷一,350e2-4。
④ 《理想国》卷二,377 c2-4.
⑤ 《高尔吉亚》523a3,527a5;《斐多》110bl;《法义》卷三,683d2,卷四,712a4,719c2,卷七,790c3,卷八,840c1,841 c6-7,卷九,865d5-6,872e2,卷九,913c2;《斐德若》237al 0;《政治家》272c6-7;《普罗泰格拉》320c3,c7,324d7,328c3-4;《理想国》卷一,330d7,350e3,卷二,377a4-6,c3,d4-5,381e3,卷三,386b9,398b8,卷八,565d6-7;《蒂迈欧》22c7。
⑥ 《法义》卷二,664a5-7。
⑦ 《智者》242c8-9。

第四章 讲　述

dierkhomai("一直读到结局")①也曾出现；它们分别与 *hēgeomai*("走在前面，领路")以及 *erkhomai*("走")两个词语联系，这就表现出了 *legō* 所表达的"讲述"中还包含着运动的意味。动词性前缀 *dia*-进一步强调了这种运动的完整性，稍后我们将详细讨论它的重要性。

我们很难确定，非职业的讲述者究竟是如何讲述神话的，但是我们有诸多理由相信，他们试图模仿职业的讲述者，而就我们所知，职业的讲述者是按照如下方式进行讲述的。

神话的交流可以通过散文，但更多的时候，它还是依赖于诗歌，诗歌使得神话朗朗上口——在很多时候，人们还可以将它吟唱出来——有时它会佐以音乐，甚至还伴有舞步。柏拉图小心翼翼地区分诗人、吟诗者、演员以及合唱团舞者等职业讲述者讲述神话所使用的技巧——语言上的技巧、乐律技巧以及编舞技巧。②如我们之前说的，吟诗者是在高高的舞台上朗诵诗歌，尤其是荷马的诗歌。他们佩戴金冠，身着华服，有时会做出些生动的手势，但是并不使用伴奏；而演员及合唱团舞者则与之相反，他们的表演将歌唱与舞蹈使用得淋漓尽致。

演员则会佩戴面具，面具或是织布的，或是树皮制的，或是木质的；他们还会穿着华丽的舞台服装，脚蹬一双柔软丝绸织就的靴子。事实上，他们与歌剧歌手之间还是存在着区别的。他们的表演总是伴随着器乐伴奏（通常是笛子，有时则是竖琴），但是他们的台词既可以念出来，也可以高声唱出。因此，演员们可以训练自己的声线，好让它充满力量，同时又清晰明朗，具有表现力且富有乐感。除此之外，他们还会接受音乐方面的训练，这样他们才能配合

---

① 《智者》242d6；《蒂迈欧》23b4。
② 《理想国》卷三，398c11-d10，399a5-c4；《法义》卷七，814d7-815d3。本书第六章会详细讨论这些文段。

不同的节奏,念出自己的台词;另外,在表演到达高潮部分时,他们有时需要独唱,或者为乐队和声。演员们会配合自己的台词,在舞台上走位,或者作出一些相应的手势动作;有的时候,他们甚至还需要跳舞。

在公元前五世纪的下半叶,悲剧的合唱团由十五名成员组成,他们都佩戴面具,并舞台装扮,或许羊人剧与喜剧合唱团也有此规模。团员们会在台上矩形排列,共三列,每列五人。酒神赞美诗合唱团与这些剧团稍有不同,前者由十五名未着面具的成员构成,表演时在舞台上圆形排列。经过简短的介绍之后,合唱团的乐师——一名吹笛者——带领着整个合唱团,徐徐步入舞台;演出结束后,他们也原样离开。至于这名乐师的表演过程,我们则知之不多。似乎,当演员念到某些特定的台词时,合唱团就会同演员们一起,随着这名乐师的笛声起舞。另外,合唱团还会合唱 parodos (入场歌)与 stasima——这是一种颂歌,当合唱团在舞台上就位(stasis),并完成了一段舞步之后,他们便会唱这种歌。①

讲述神话有一条规则,无论是职业的讲述者,还是非职业的讲述者都必须遵守。有两条谚语都提到过这种规则,我们可以在后来的拜占庭文献中找到。第一条谚语构成了一种强制式的规定(prescription)。在《高尔吉亚》中,这种表达就十分清晰了,苏格拉底在试图说服卡里克勒斯不要放弃当下的讨论时说道:"好吧,人们说不应该对任何神话半途而废,我们应该给它们按上头部,别让它们无头无尾地四处乱跑。请给我剩下的答案吧,好让我们的讨论也得到它的头部。"②另外,在《蒂迈欧》中,当蒂迈欧为对话的最后一部分进行介绍时,这一点则更为明确,他说道:

---

① Pickard-Cambridge, *Dramatic Festivals of Athens*, pp. 126—152.
② 《高尔吉亚》505c10-d3。

第四章 讲　述

目前为止,看来我们已经准备好了将要使用的各种原因了,它们是我们编织剩下的对话所必需地的材料,就好像木头是木匠的材料一样,让我们先用几句话回顾一下我们的开头,回溯到我们这条路开始时的那一点。然后,我们再作出一个合宜的结论,好为我们的神话(tōi muthōi)安上头部。①

除此之外,在《法义》卷五中也有相关的段落。雅典的异乡人用一则神话描述了克里特人想要建立的城邦,他希望将这则神话完完整整地说出来:"那么,可以肯定,既然我已经开始讲述神话(muthon)了,那么我就不应该让它没头没尾;如果它没有头地四处乱走,那个场面实在太可怕了。"②

这三个段落都在下面这个问题上表现出了一致:当我们讲述神话时,一定得从头到尾地讲完,神话的结尾就好似神话的头部一样。ou themis esti("不被允许的")这个表达说明了这种规定根源自神话的宗教性质。

如果我们暂且将神话中至为根本的宗教元素搁置起来,这种规定似乎也适用于所有的话语。从这段出自《斐德若》的文段看来,这一点非常清楚:

> 苏格拉底:那么,我想至少有一点,你们都会承认,即我们应该仿照有生命的物体,去构造任何一种话语,它和前者一样,拥有自己的躯体;它不能缺头少腿;它一定有躯干,也有手足,这样才能与其他部分相配,也与整体相配。③

---

① 《蒂迈欧》69a6-b2。
② 《法义》卷六,752a2-4。
③ 《斐德若》264c2-5。

将话语与活物相提并论,这种对比引出了一系列隐喻的对应关系。话语的开端也即是活物的足部,话语的结尾则是活物的头部;而话语的中间部分正好比活物的躯干。正如同处在一个有机体之中,这些部分按照某种特定的方式被组织在一起,以维持它们彼此之间的和谐关系。

《政治家》的末尾,埃利亚异乡人讲述神话时一定也想起了这个规定,他宣称:"到这儿为止,让我们将讲述神话的工作了结了。"①接着,他又对刚刚发生的对话提出了批判:"毕竟,我们还没有给神话安上个结局(telos)。"②《法义》卷七中也有类似的文段,雅典的异乡人使用了 muthos 的衍生义:"加上这个神话(muthos),关于阅读与书写的话题,我想说的就已经告一段落了。"③在这三个文段中,实词 telo("结局")④和动词 teleutaō("有个结局,带向结局")⑤都与"安上个脑袋"表达着相同的意思。

如多兹(E. R. Dodds)在对《高尔吉亚》505c10 所作注疏中指出的,⑥须将 akephalos muthos 与 ho muthos soizetai 这两种表达相联系——前者规定不可不给神话安上脑袋,而后者则常用作神话讲述的结语。我们只能认同,柏拉图玩了一次双关——被动语 sōizetai⑦ 并不仅仅意味着"被保存下来",也即"没有被覆灭的"(ouk apollutai),它还意味着"完好而平安到达"。⑧ 换言之,柏拉图将讲述神话比作一场危机重重的航行,当讲述神话之人安然无

---

① 《政治家》274e1。
② 《政治家》277b7。
③ 《法义》卷七,812a1-3。
④ 《政治家》274e1,277b7。
⑤ 《法义》卷七,812a2。
⑥ E. R. Dodds, *Gorgias*, Oxford: Clarendon Press, 1959.
⑦ 关于相关的例子,参见《高尔吉亚》515c-e。
⑧ Herodotus 4. 97, 5. 98, 9. 104; Aeschylus *Persians* 737; Euripides *The Phoenicians* 725; Sophocles *Trachineans* 611; Xenophon *Anabasis* 6. 5, 20.

恙地抵达港口时,他才成为了这次旅行的幸存者。

在柏拉图所有著作中,共有四个文段用到了这种表达。在讲完厄尔神话之后,苏格拉底说道:"格劳孔啊,这个神话被保存下来,就像人们说的,它没有被遗失,如果我们相信它,它就可以拯救我们。"①《泰阿泰德》164d8-10 中也有这样的表达:"无一人可以幸存地讲述普罗泰格拉的神话,或者你的神话,那则声称知识与感知是一回事的神话";在《斐勒布》14a3-5:"到这儿,应将我们的讨论带向重点了,就像已经讲完的神话一样,我们总算没有因为荒唐话而沉船汪洋";还有《法义》卷一 645b1-2:"以这种方式,我们的木偶人道德神话就这样走向了完满。"这四段对话展现出的相似性,说明这是一种惯常的表达,柏拉图则对这种约定俗成的表达进行了小小的改动。事实上,在以上这些例子中,我们会发现 *kai houtō* 总是伴随着动词 *sōizetai* 和/或 *apollutai*。在《理想国》卷十 621b8-c1 以及《斐勒布》14a3-5 中,这两个动词是一同出现的;在《泰阿泰德》164d8-10 中,只出现了动词 *apollutai*;而在《法义》645b1-2 中,则只有 *sōizetai*。

一本拜占庭的谚语集进一步验证了这种假设,书中记载了这样一则谚语——*ho muthos apōlet*("神话覆灭了")②——并对它作出了如下解释:"[俗语]指那些没有将自己的叙述(*diēgēsin*)带向结局的人。"关于这条谚语的一则批注还提到,*ho muthos esōthē*③则表达相反的意思,尽管旁注给了《理想国》卷十 621b8 的另一种

---

① 《理想国》卷十,621b8-c1。

② 参见 Herbert Jennings Rose,"A Colloquialism in Plato, *Rep* 621b8", *Harvard Theological Review* 31(1938):91—92,关于这则俗语,可在 Paroemiographi graeci(2 vols., ed. E. L. Leutsch and F. G. Schneidewin, Göttingen: Vandenhoeck und Ruprechts, 1839, 1851)中找到。参见附录中的 *ho muthos apōleto*。参见 François Chatelain, "Le récit est terminé, Platon", *République* 621b, *Revue de Philosophie Ancienne*, 5(1987):95—98。

③ CGL 2.91。

解读。它与另一则短语表达的意思相同——*akephalos muthos*("没有头的神话")①,这种表达也被记录在册:"[俗语]指那些故事没有结局的人。"

在这些广为流传的表达中,神话和其他所有话语一样,被比作一个活物。因此,神话不应该没有脑袋地踟蹰而行;讲述神话之人要小心,不要覆灭在汪洋之中,要安全地抵达亲切的港口。另外,值得注意的是,在神话没有完结之前,不应该被打断——柏拉图自己却好像打破了这则规定,在讲述古雅典与亚特兰蒂斯的战争时,《克里底亚》的手稿却停了下来。②

将神话比作活物,这很有可能还说明了下面两条准则:"我们重新唤起神话(*ton muthon ēgeiramen*),必须给出原因(*lekteon*)"(《政治家》272d6);以及"对于神话,我们没必要进一步考虑"(*to men oun tou muthous khairetō*)(《法义》卷一,636d4-5)。一旦我们讲述神话,这则神话就被唤醒了,而后我们应再以"它是不朽的"为由,将其送走。

---

① Christopher Gill, "The Genre of the Atlantis Story", *Classical Philology* 72 (1977): 304, n. 74.

② Christopher Gill, "The Genre of the Atlantis Story", *Classical Philology* 72 (1977): 304, n. 74.

第五章　接受神话

　　神话的听众通常都是什么人？哪些词汇被用来描述他们对神话的关注？事实上，不同的神话讲述者往往有着不同的听众。如果神话讲述者是职业的，如诗人、诵诗人、演员或合唱歌手，那么他们的听众就是普罗大众——这些听众彼此之间差异巨大，但在宗教节庆城邦举行比赛时，他们共同作为听众，齐聚一堂。譬如在酒神节的戏剧比赛中，听众中既有雅典人，也有外乡人，既有富人，也有穷人，甚至奴隶也有机会出席这场盛会。① 而另一方面，假如神话的讲述者并非专业人士，那么他们的听众范围就相对有限，而且听众的构成与讲述者本人的特点（老人或女性）也更加相关。譬如，听老年人讲述神话，似乎往往是年轻人的"必修课"。② 有时，人们还会请那些会讲神话的妇女（这些妇女则不一定都是老人，其中也不乏年轻人）照管自己的孩子。这样一来，我们或许就比较能够理解，为什么柏拉图如此重视对幼儿（*pais*）和婴儿（*paidion*）③

---

① 关于这个问题，参见 Arthur Pickard-Cambridge, *The Dramatic Festivals of Athens*, Oxford: Clarendon Press, 1988, ch. 6, "The Audience", pp. 263—278.
② 《普罗泰格拉》320c3；*Rep.* Ⅲ 392a1.
③ 在古希腊语中，后缀 -*ion* 常用来组成指小词（form diminutives）。可参见《理想国》卷二，377a4, a6, 377c3；《政治家》265e5；《智者》242c8；《蒂迈欧》23b5；《法义》卷八，840c1, 887d2-3.

的神话教育了。柏拉图对神话教育的描述可谓事无巨细,他甚至无比精确地写到,神话教育适用于哺乳期之后①、进入体育学校之前的幼儿②;这是因为,哺乳期之后,幼儿已能听懂别人讲话,而古希腊人通常在七、八岁时进入体育学校,神话教育对处在这个年龄段的儿童恰好合适。③

在上一章,我们已经探讨过,为什么在神话的口头传述过程中,讲述者的年龄往往是一个十分重要的元素:这是因为在口头文明中,年纪与知识的积累密切相关;另一方面,年纪大往往还意味着有丰富的沟通技巧,长者面对年轻人时才可能跨越代沟,与之交流自如。而除了这两个原因之外,更为重要的是,听众往往是年轻的,这意味着他们有着优秀的接受信息的能力。小克里底亚的话佐证了这一点:"老话说的真是没错,孩童时上的课会给我们留下深刻的影响。我甚至记不全昨天刚刚听见的话,但是如果我忘记了多年前听到的那些事情,那才让我惊奇呢。"④

总的来说,在柏拉图的描述中,神话的讲述者往往是长者,而听众则常常是年轻人。他虽然从"讲述者"与"听众"两个侧面分别进行描写,但其实他的目的都是相同的——这些都无外乎是出于"信息"与"交流"方面的考虑。而下面这段文本相较之下则有些不一样:

> 母亲们切不可受这些诗人的影响,用有害的神话吓唬她们的孩子,说什么诸神总是幻化成诸多不同的形象,在夜晚里游荡。到最后不但亵渎了神明,还让自己的孩子变得胆怯。⑤

---

① 《法义》卷十,887d2-3。
② 《理想国》卷二,377a6-7。
③ Henri-Irénèe Marrou, *A History of Educationin Antiquity*, London: Sheed & Ward, 1956, p. 182.
④ 《蒂迈欧》26b2-7,《理想国》卷二,378d7-e1 中也可以找到相似的说法。
⑤ 《理想国》卷二,381e1-6。

第五章 接受神话

好像我们也常用夜魔(croque-mitaine)来吓唬孩子们,好让他们听话——对话描述的正是类似的行为。在古希腊,这些妖怪有自己的名字,譬如恩普莎(Empousa),盖洛(Gelo),拉弥亚(Lamia),茉门(Mormo)和茉门莉丝(Mormolyce)。恩普莎是女神赫卡忒(Hecate)手下的妖怪,她来自冥界,趁着深夜四处散播恐惧;她可以幻化成不同的形象,总是在妇女和孩童面前现身,吓唬他们。盖洛是一个小女孩的幽灵,她年纪轻轻就死于非命,于是变成鬼魂回到阳世。拉弥亚是个女妖,她偷走别人的孩子,并吞食他们,坊间流传着许多与她有关的历险故事。而茉门莉丝(Mormolyce),也就是母狼茉门(Mormo),她也是一个常被用来吓唬孩子的女妖。据说,她是赫卡忒的女仆,因此也属于死灵的世界。在《斐多》77e7中,苏格拉底也提到了茉门莉丝。

这些都是宙斯时代的传说,也就是说,它们就发生在我们所生活的时空。而反观克洛诺斯统治时期,神话不仅在人与人之间流传,人们甚至可以对动物讲述神话①——彼时人与动物之间有着亲密的联系,不仅如此,人与诸神也更为亲近。② 不过,无论在宙斯时期,还是在克洛诺斯时期,我们都用同一个动词表示对神话的接受——akouō(听)③——这个动词始终与神话的口头传递相关。

或许我们有必要回顾一下《理想国》卷一末尾的那段话。此时,在苏格拉底的努力下,特拉叙马霍斯(Thrasymachus)终于非常勉强地承认,美德与智慧是正义,而邪恶与无知则是不义的。当苏格拉底提出要继续检查特拉叙马霍斯的另一个观点时,即不义常与力量同属一边,特拉叙马霍斯终于耗尽了耐心,他表示在接下来的对话中,他都会采取一种消极的态度:"要么你就让我来畅所

---

① 《政治家》272c5-d1。
② 《斐勒布》16c7-8。
③ 《高尔吉亚》523a1;《斐多》110b1,b4;《理想国》卷 415a1;《法义》卷八,804e4,卷十,887d3。

欲言,我想说多久就说多久;如果你还是更喜欢由你来提问,那么我就会像敷衍那些讲述神话的老太婆一样,无论你说什么,我都既不赞同,也不反对,只说'好,好,好'。"①从这段话中,我们好似能看见通常人们讲述神话的图景——有人要讲神话了,听众就微微示意他(或她)可以开始讲了;而在讲述神话的过程中,听者从来不提出自己的问题,只是偶尔晃晃脑袋,以表示自己的赞许或反对。

在《蒂迈欧》中,小克里底亚在听祖父讲述雅典与亚特兰蒂斯的战争故事时,则表现出了完全不同的态度:"我是在小时候听说了这个故事,那正是爱听老人讲故事的年纪;他(老克里底亚)非常耐心地给我讲故事,我则一遍又一遍地请求他再说一次,就这样,这个故事就像一张不可磨灭的图画,深深地烙在了我的脑海里。"②在这段描述中,提出问题的不再是讲述者,情况完全地颠倒了过来。除此之外,在《理想国》中,柏拉图还透露到,在城邦的剧院中,无论是赞赏,还是批评,观众们总是大声地表达出自己的感受。③

无论讲述神话的人是何身份,是专业的诗人,抑或是普通人,神话的讲述过程总是面对面的、现场式的。现场听众表现出的种种情状都会影响讲述或制作神话的人。所以,我们说,在口头文明中,信息的产生、传递与接受总是密不可分的,因为一旦有人讲述神话,那么其听众就一定会有所反馈,并参与其中。在口头文明中,听众们的嘘声就是"预先制约"(censure préventive),而当书写逐渐兴起,读者们的"阅读期待"(horizon d'attente)④则取而

---

① 《理想国》卷一,350e1-4。
② 《蒂迈欧》26b7-c3。
③ 《理想国》卷七,492b-c;《法义》卷三,700c-701a。参见 Pickard-Cambridge, *Dramatic Festivals of Athens*, pp. 272—278。
④ Hans Robert Jauss, *Pour une Esthétique de la réception*, Paris: Gallimard, 1978.

代之发挥作用,有时,直接地,诗人在"制作"神话时受到它的影响,有时,它则间接地影响其他相关的人:诵诗人、演员及合唱歌手。

第六章 模　　仿

根据柏拉图的看法,在神话的交流过程中,总是 mimēsis(模仿)①活动在发挥作用;事实上,在更为广义的"话语"中,"模仿"就已经有所表现了,正如小克里底亚在《克里底亚》开篇中所说:

> 克里底亚:说真的,你刚刚的讲话精彩绝伦,有哪个智力健全的人会质疑这一点呢?但我将要说的主题更为复杂、更难以把握,因此它也更要求各位的耐心与宽容。蒂迈欧啊,有时,我们与人谈论跟神有关的事情,其实听众们更容易觉得我们说得恰如其分;反之,如果我们讨论的是像我们自己这样的有朽的事物,则更难令人满意。如果听众们对一件事物感到陌生,或者全然地无知,那么这反而会给说话的人带来极大的便利。而话题如果与诸神有关,我们则往往很清楚自己都知道些什么。为了更好地说清楚我想表达的意思,我们不妨先打个比方。模仿(mimēsin)与复制(apeikasian),在陈述一件

---

① 参阅 J.-P. Vernant, "Image et apparence dans la theorie platonicienne de la mimesis", *Journal de psychologic normale et pathologique* 2(1975):133—160;后又发表于 *Religions, histoires, raisons*, Paris: Maspero, 1979, pp. 105—137, 更名为"Naissance d'images"。

第六章 模 仿

事情的时候,我们每个人都会用到它们。现在,让我们想想,画家描绘神或人的形象(*eidōlopoiian*)时,获得观众们满意反馈的难易程度分别是怎样的。如果画的是大地、山峦、河流、森林、天空,还有一些旋转的天体,那么我们可以想象,画家只要将它们再现(*apomimeisthai*)得有些许相似(*pros homoiotēta*),我们就很轻易地满足了;再加上我们对此类事物也并没有什么确切的知识,所以我们既不会仔细检查这画作,也不会对它评头论足,即便这张画是晦暗、不准确,甚至有欺骗性的,我们往往还是很容易满足。但是,如果画家想复刻(*apeikazein*)人类的形象,那就另当别论了。日常的观察使得我们能够很快发现画作的缺点,所以对那些没做到完美相似(*homoiotētas*)的画,我们就会毫不留情地提出批评。其实我们应该承认,讲话也是同一个道理。当我们讲话的主题是星体或者神圣的事物,那么些微的相似就足以令我们满足了;而如果我们谈论的是有朽的事物和人类,我们就会吹毛求疵。让我们记住这个道理,假若我不能做到完美地表述,你们还要多多包涵。事实上,我们应当理解,令人满意地复刻(*apeikazein*)有朽事物并不容易,因为这是一个与意见(*pros doxan*)有关的问题。①

"话语"不过是对真实事物的模仿或复制。在这个意义上,话语与绘画有其相似之处。就好像绘画②通过形体与色彩表现出真实事物一样,语言也通过声音来表现真实事物,虽然二者的模仿模式并不相同:后者的对象是不在场之物。一旦我们将被模仿的真实事

---

① 《克里底亚》107a4-e3。关于《克里底亚》更详尽的讨论,参见 Luc Brisson, *Platon, Timée/Critias*, Paris: Flammation, 1992, pp. 335—341。

② Eva C. Keuls, *Plato and Greek Painting*, Leiden: Brill, 1978.

物之性质也纳入考量,情况就更复杂了。对于可感事物而言,"模仿"即是"再现",但是还有一些"真实事物",它们既不属于可感世界,也不是理型:诸如神,人类灵魂中不朽的那部分,以及过往之事(仅就其作为传统之对象而言)。在涉及这些实体时,"模仿"就变成了"回忆"(évocation),它使得那些事实上形式迥异的事物,如同可感的实体一般,出现在可感世界里。然而,柏拉图却没有如此理解这个问题,他另辟蹊径地为自己所相信的真理提出了辩护。但是,在回顾柏拉图对这个问题的批判之前,我们首先应该逐一考察他的著作中涉及到神话之交流的文段。

话语是诗人最基本的原材料,而在上面的引文中,柏拉图指出了话语具有"模仿"特质。而书写又是对词语的复制,因此,相比口语,"模仿"的特质在书写的话语中更为突出。无论是口语,抑或书写,当然,尤其是书写——凡是对这种现实之物的话语的再现,都与这种实际的不在场相联系,诗人运用模仿范畴中的种种工序,正是为了让人们遗忘这种"不在场"。

> 苏格拉底:它[模仿的艺术($h\bar{e}$ $mim\bar{e}tik\bar{e}$ $tekhn\bar{e}$)]只适用于视觉吗?还是说它也适用于听觉,以及所谓的 $po\bar{e}isis$[双关语,具有"制作"与"诗"两个意思]?
>
> 格劳孔:想来对后者也适用吧。①

将"诗歌"定义为与听相关的模仿艺术,乍看起来并不贴切,因为它似乎只是将对广义的话语的描述生搬硬套到这里来了。然而,情况并不完全是这样的。在"话语"的领域中(准确地说,在其内容的层面上),我们应注意两件事情的区分:一是话语所表达的东西,也即 *logos*;另外还有话语的表达方式,也即 *lexis*。这种区

---

① 《理想国》卷十,603b6-8。

第六章 模 仿

分建立在语言形态学(la morphologie)之上。①

然而,到了诗歌领域,这种区分还适用吗?logos 方面好像没什么变化,即"话语(诗)所表达的东西"。然而,lexis,也即"话语进行表达的方式",则不尽相同,另一种类型的模仿进入了我们的视野:

> 苏格拉底:关于话语之内容(logōn)的话题就到这里了。接下来,我们要仔细地考察话语的风格(lexeōs)。这样讨论就是完整的,我们既考察了讲话的内容,也考察了讲话的方式。
>
> 阿德曼图斯:这是什么意思? 我没有听懂。
>
> 苏格拉底:好吧,我们务必要让你弄清楚。这样说,你或许更好理解一些。讲神话的人或诗人(hupo muthologōn ē poiētōn),无论他们讲了些什么,他们所说的都是对发生在过去、现在或将来之事的叙述(diēgēsis),对吗?②
>
> 阿德曼图斯:当然如此,不然还能是什么呢?
>
> 苏格拉底:他们[讲神话的人或诗人]只是纯粹地进行叙述吗,还是说他们的叙述其实受到了模仿的影响(haplēi diēgēsei ē dia mimēseōs gignomenēi),又或者,他交替地使用了这两种叙述的方法?
>
> 阿德曼图斯:你究竟想说什么? 我还是不明白。

---

① Logos 的词干来自于词根 * leg-,但是将 e 改写成了 o,这种构词十分常见,词根可能被任何元音改写。它可以表达其词源所指的动作,但通常情况下,它表示结果。Lexis 同样源于词根 * leg-,但它保留了 e,并以后缀 -sis 结尾,这种构词则主要指动作,因此它也指执行该动作的方式。参见 Guy Richard Vowles, "Studies in Greek Noun-Formation. Dental Terminations V. Words in -sis and -tis", Classical Philology 23 (1928):34—59, esp. 53—55;亦可参见 Pierre Chantraine, La Formation des noms en grec ancien,Paris: Champion,1933, p. 281.

② 赫西俄德,《神谱》38。

苏格拉底：……那么，叙述（diēgēsis）难道不是有两种情况吗？有时他们陈述那些话语（rhēseis），有时则陈述话语与话语的间隔中所发生的事情。

阿德曼图斯：当然如此。

苏格拉底：但是，如果他在讲话（rhēseis）的时候让自己像另一个人，我们能不能说，他正尽可能地使得自己的遣词造句（homoioun... tēn hautou lexin）与他前面所提到的、将要讲话之人相似？

阿德曼图斯：很显然。

苏格拉底：但我们说一个人令自己的声音或姿态像另一个人，不就是说这个人在模仿那一个人吗？

阿德曼图斯：当然是。①

以上就是"神话的讲述者"在表达其话语之内容时，所使用的特殊的模仿。

logos 层面的模仿，即关于"话语之内容"的，它暗示着对象-复制品或对象-模型之间存在的关系；而 lexis 层面的模仿，也即关于"表达话语内容之方式"的，则更关乎主体（在当前的例子中，也即诗人）与其复制对象之间的关系。而在表达方式的层面"阐述"（exposition）与"模仿"（imitation）也形成了对照。如果一种表达方式，展现的是作者本身，那么它就是阐述。相反，如果作者放弃了"我"，而选用了其他的说话方式，冀图让自己在其后隐退，并且传达现实，那么这就是模仿。②

---

① 《理想国》卷三，392c6-93c7。

② 关于这个问题，参见 R. Dupont-Roc, "Mimēsis et énonciation", *Ecriture et théorie poètique*s, Paris：Presses de l'Ecole Normale Supérieure, 1976, pp. 6—14；Jacques Brunschwig, "*Diēgēs*is et *mimēsis* dans l'oeuvre de Platon", 论文概要于 1974 年三月四日发表 *Revue des études grecques* 77(1974)：xvii—xix。

第六章 模仿

在这种对立的基础上,柏拉图建立起一个关于诗歌/神话叙述的类型学(une typologie):

> 苏格拉底:你说得很对,现在我可以对你说说之前我想说却很难说出来的话了:关于诗歌与神话(*poiēseōs te kal muthologias*),其中一种是通过模仿(*dia mimēseōs*)完成的,如你所知,它包括悲剧和喜剧;而另一种则是诗人自己的叙述(*di'apaggelias auton tou poiētou*),我想其中最好的例子,就是酒神赞美诗了;还有一种,它是上面两者的结合,在叙事诗以及许多其他地方都可以找到。你明白我的意思吗?①

这种类型学对本书颇有意义,因为它清楚而明确地阐释了上文说到的 *lexis* 层面的模仿。

诗人与神话讲述者们将两种叙述交替使用,希望通过这种方式,巧妙地让听众忘记,神与英雄实际上并不在场;他们让自己隐退,不仅仅在言辞方面如此,甚至在行为举止上亦然,所以在讲述的过程中,诗人往往会表现出与其词句相一致的情态。这是一种令柏拉图难以容忍的表达方式,因为其表达的主体此时是一个幻象的制造者,他在现实与话语、同与异之间制造混淆。柏拉图在接下来的对话中说到,这种表达方式不但可以模仿邪恶的事物与劣等的人,还可以模仿动物与自然界的一些声音②;这时,我们应该就能明显地感受到他的反感了。这就是为什么不仅仅是那些讲述诗人的神话之人,而且尤其是那些听取神话的人,也会必然地追随诗人。事实上,无论是诸如诵诗者、演员、合舞者之

---

① 《理想国》卷三,394b8-c5。
② 《理想国》卷三,395b-97e。

类的职业神话讲述者,还是非职业的神话讲述者,诗人都创造了他们所讲述的那些神话,因此他们都难免受到其塑造。关于这一点,我们还有很多可以说的:被我们称为"神话"的话语形式,既可以被写成诗歌,亦可以被写成散文;当有人讲述神话的时候,可以有音乐或演唱作伴奏,也可以没有;在演绎的过程中,还可以将舞蹈编入其中。

在古希腊,诗人的作品是可以被吟唱出来的,梭伦的作品就是如此。① 下面是柏拉图对这种演绎方式的一段分析:

> 苏格拉底:我想你一定对此有充分的了解——一段歌曲(*melos*)由三个部分组成,也就是话语(*logou*)、和声(*harmonias*)与节奏(*rhuthmou*)。
>
> 格劳孔:是的,我同意你说的。
>
> 苏格拉底:而且,无论它[歌曲]有歌词也好,没唱出歌词(*mēaidomenou*)也罢,它都必须与我们先前说过的范式相一致,对吗?
>
> 格劳孔:当然如此。
>
> 苏格拉底:和声与节奏也必须跟随着歌词。
>
> 格劳孔:谁说不是呢?②

我们从中可以得知三件事情。(1)歌曲由三个元素组成:话语、和声与节奏。(2)和声与节奏不具有自主性,它们受话语决定③(稍后这个命题会被更有力地重申)。④ (3)这就意味着,在

---

① 《蒂迈欧》21b6-7。
② 《理想国》卷三,398c11-d10。
③ Richard Lewis Nettleship, *Lectures on the "Republic" of Plato*, 1897; London: Macmillan; New York: St. Martin's Press, 1964, pp. 118—123.
④ 《理想国》卷三,398c11-d10。

第六章 模仿

歌曲之中,和声及节奏的模仿旨在对话语之内容的模仿进行完善。

在古希腊语中,harmonia("和声")原指同时知觉到两个及以上的不同音高的音调,更广义地说,它也指一连串不同音高的音调。在和声的领域,"模仿"如是得到表现:

> 苏格拉底:我不懂和声,但希望我们保留下来了一种和声,它很好地模仿(mimēsaito)了勇敢之人的言行举止(phthoggous te kai prosōidias),他们投身战争,或者其他与强制有关的事业,一旦失败,他们就可能遭受到伤害、死亡,或其他灾祸,但他们仍坚韧不拔,决心直面命运。希望还有关于另一种人的和声(模仿了其言行举止),他们使用和平的言词,他们要求自愿而不去强迫,他们或是进行说服或是乞求,希望对方接受某事——无论对方是谁。如果对方是神,他们便祈求;如果是人,他们便对其进行教导或劝告;或者反过来,他们也听从别人的劝告与教导,并因此改变自己的意见,甚至因此违背自己的愿望,他们难以忍受傲慢,总是谦虚而节制地行事,并默认来到的一切后果。让我们保留这两种和声——一种强制,一种自愿——这样,我们就能很好地模仿人们成功或失败、节制或勇敢时的一言一行(phthoggous mimēsontai kallista)。①

这一点是毋庸置疑的:和声必定模仿话语。从这个角度看来,音乐总是以自己的方式进行着同话语一样的模仿,从而加强话语的模仿效果——无论在内容的层面,还是在表达方式的层面。另外,这对节奏也同样适用。

---

① 《理想国》卷三,399a5-c4。

古希腊语中，*rhuthmos* 在词源上与"运动"(le mouvement)有关。① 而最典型的"有节奏的运动"莫过于舞蹈了。就其本质而言，节奏就是一系列连续的声音或动作，它们受时间的规定，可被分作数段，规律地进行重复。将节奏施于肢体的运动，就形成了舞蹈。若将节奏施于声音，一方面，对于话语，它予之以抑扬顿挫；而另一方面，对于音乐，它则回复到自己本来的意义。在舞蹈中，节奏作用于肢体动作，这其实带来了一种全新的模仿：

> 雅典人：关于摔跤的价值，到现在我们说得已经足够多了。对于其他的全身运动——总的来说，我们可以将其称作舞蹈——我们还应该再仔细考虑考虑。我们都承认，它共分为两种：其中一种十分庄严，它摹仿(*mimoumenēn*)那些最为

---

① 在一篇名为"La Notion de 'rythme' dans son expression linguistique"(*Journal de psychologie normale et pathologique* 43, 1950—1951: 401—410) 的文章中，Emile Benveniste 试图确定 *rhuthomos* 与 *rheō* 的关系，前者源自于后者，加上后缀-(*th*)*mos* 后成为一个新的动词。为了开展这项工作，Benveniste 坚持认为这个后缀"并不指概念的完成，而是指该概念被视觉感知到时的完成方式"(407)。也就是说，*rhuthmos* 表达"形式"的意思，也即"某种流动方式"。E. Benveniste 为了让自己的研究更完整，后来又考察了柏拉图赋予 *rhuthomos* 的转换义。他引用了《斐勒布》17d、《会饮》187b 以及《法义》665a 中的几个段落，并得出结论："柏拉图在'不同的形式、倾向、比率'的意义上使用 *rhuthomos*。柏拉图对这个词的意义进行了革新，他用它来指'运动的形式'，也即舞蹈中的人类身体，以及那些运动已经确定的姿态的倾向。重要的事实已经摆在我们面前，伴随着 *metron* 的身体的 *rhuthmos*，这个概念服从于数字的规律：这种"形式"受"尺度"的决定，并服从于某种秩序。这就是 *rhuthomos* 的新义：在柏拉图那儿，一系列快慢有致的有规律的运动，组成了'倾向'，这就好像'和声'是从抑扬顿挫的更迭交替中而来的一样。在运动的规律之中，和谐的身体姿态加上适当的节律便构成了所谓的 *rhuthmos*。现在，我们可以用'节奏'来形容一支舞，一段步调，一首歌，一段讲话，一项工作，以及任何连续的、有交替的节律的活动。'节奏'这个概念已经确定了下来。*rthuthmos* 最初指的是遵照某种特定秩序，或按照一定比率的空间安排，我们从中得到了现在的'节奏'，它指持续而有序的运动：*pas rhuthmos hōrismenēi metreitai kinēsei*('所有的节奏都受某种运动衡量')(亚里士多德，《论问题》，882b2)"(409)。重印本 *Problèmes de linguistique générale*, Paris: Gallimard, 1966; 再印于 Tel. N. 7, Paris: Gallimard, 1979。

好看的肢体动作；而另一种则带着戏谑，模仿那些不怎么好看的身体。如果进一步分下去，我们还可以再将它分成两类：严肃的或滑稽的。在严肃的舞蹈中，有一种再现了战争之中英勇而坚韧的灵魂；而另一种则再现了在太平盛世中，灵魂有度的愉悦；我们将后者称作"和平之舞"再合适不过了。而战争之舞与之大不相同，我们可以将它称作出征舞（Pyrrhic）；它摹仿了躲闪动作，迅捷地转身、高高跳跃、灵巧的蹲伏；它也力图对与此相反的进攻动作进行摹仿（mimeisthai），射箭、投掷以及拳击。在这些舞蹈中，笔挺的站立、振奋的姿态摹仿（mimēma）了良好的身体与心灵，做这个姿势时，四肢都是伸直的，这是我们称之为正确的情态，如若相反，我们则说它是错误的。①

我们或许注意到了，这一段关于舞蹈的对话与《理想国》中关于和声的讨论完全契合。这倒不令人惊讶，因为舞蹈本身就要与音乐合拍。凡涉及到神话之叙述，或者说神话之演绎的，音乐与舞蹈就和 mimēsis（摹仿）非常相关了。

音乐与舞蹈二者相互配合，另外，它们还必须与话语"相合"，换言之，它们必须"模仿"话语。因此，它们的模仿其实是模仿之模仿。而其中，话语则表现为真实的模仿，无论从内容的角度，还是从表达方式之角度，都是如此。而音乐与舞蹈，则以话语的节律为支撑，将本来停留在口头的模仿拓展到了肢体的动作上，而舞蹈就是肢体模仿的极致。

音乐与舞蹈之模仿不仅仅简单地影响了"神话"这种话语，我们甚至可以说，它们通过对神话的演绎，让人们仿佛身临其境，从而使得人们忘却神话提及的"现实"实际上并不在此。这远比只以

---

① 《法义》卷七，814d7-815b3。

话语的方式讲述神话更为有效。因此,对神话的演绎实际上是神话创作的一种延伸,人们希望它可以发挥同"模仿"一样的作用。

从柏拉图的字句中,我们可以感受到一种渐进的、难以察觉的转变——最开始,他讨论被模仿的现实与模仿者之间的关系(后者创造神话吗?还是说,他仅仅讲述神话?),后来则变成了模仿者与其讲述对象(听众或观众)之间的关系。模仿者使用了这种口头/肢体的摹仿,希望获得听众的反馈。这种反馈本身与模仿者的行为具有相同的形式,它也是一种模仿:

> 苏格拉底:如果我们要坚持我们最初的原则(《理想国》卷二,374a-d),认为我们的卫国者应当放弃一切其他的技艺(*tōn allōn pasō dēmiourgiōn*),成为城邦专司自由的匠人(*dēmiourgous*),他不应追求任何与此无关的事情,因此也不该从事或模仿任何别的事情(*oude mimeisthai*)。但是,他们从孩提时代起,就只模仿(*mimōntai*)他们应当模仿(*mimesithai*)的事情——也就是勇敢、明智、虔诚、自由以及其他此类事情——而不是那些自由之人不会从事也不会模仿(*mimēsasthai*)的不得体之事,或者其他不光彩的事情,以免他们将模仿(*ek tēs mimēseōs*)吸收进现实。你是否注意到那些模仿(*mimēsis*),如果在一个人小时候就进入他的生活,后来就会固定下来,变成他的习惯,变成他肉体上、言谈上与思想上的第二天性(*kata sōma kai phōnas kai kata tēn dianoian*)?①

毫无疑问,这里谈到的"模仿",就是诗人的听众们所实践的那种"模仿"。因为这一段对话讨论的对象是伦理,而非叙述或制作。

---

① 《理想国》卷三,395b8-d3。

第六章 模　仿

　　神话作为一种交流方式，似乎其中的模仿过程最后就会走向这样的终点。问题已经不在于制作一段模仿现实的对话，抑或对此种对话的模仿了（即选择叙述或选择演绎的方式，并配上音乐和舞蹈）。无论讲述者使用的技巧几何，我们都已经来到了关于接受者的问题。传述者所使用的模仿势必会影响接受者，因为后者汲汲于理解和吸收自己听见的话语。这就是为什么这个问题会带出伦理学方面的问题。

　　信息中的现实通过交流的过程，以一种非常强烈有力的方式，在接受信息者那里成为了现在时，接受者们甚至忘却了这些信息实际上是不在场的；就是这样，信息对接受者们进行了同化，让他们的举止和道德态度都悄然发生改变。

　　总而言之，无论是对于理智，还是对于感官，神话中的人、物都不仅仅是类比的意象。它们绝对都是实体，拥有着本体论上的可靠性（譬如，对于古希腊人而言，宙斯就像可以触摸到的一草一木那样真实）。而柏拉图也正是在这个意义上，仔细推敲神话在交流的过程中所使用的每一种模仿，并斥之为虚幻。当然，柏拉图最后的论断或许更为严厉和强烈，毕竟可感的现实之于他，不过是真正的存在的复本。不过，无论如何，神话虽然具有虚幻的特质，但是它的有效性仍然令人难以轻视。

第七章　说　　服

　　尽管神话是虚幻的,但是它的有效性却不容忽视。这种矛盾的特质让柏拉图一方面将神话描述为一场游戏,另一方面又将它比作魔法和咒语,视其为一种严肃的活动。神话的传递过程可以为人带来愉悦的感受,它的受众是孩童,或者理智尚未充分发展、甚至永远不会实现完全发展的、占大多数的成人。只有少数成年人的理智可能达到完全发展的状态:这些人就是哲学家。对于大多数人而言,统治他们灵魂的始终是欲望的部分——这个部分仅有对欢愉与痛苦的感知。正是出于这个原因,柏拉图认为欲望的灵魂就好似难以控驭的野兽。而神话则可谓是唯一一种可以对难以控驭的、野蛮的人产生显著影响的话语——我们所说的这种"野蛮"不是伦理学意义上的野蛮,而是心理学意义上的野蛮。

　　在《理想国》卷十中,柏拉图将诸如诗人的模仿者所使用的模仿比作一场游戏,这也就是说,他不认为这是一种严肃的活动:

> 苏格拉底:……模仿者对自己所模仿的事物没有任何值得一提的知识,他的模仿不过是一种游戏的形式,不应严肃地看待(*paidian tina kai ou spoudēn tēn mimēsin*)。①

---

① 《理想国》卷十,602b7-8。

第七章 说　服

在柏拉图的著作中，还有另外十五处出现了游戏（*paidia*）/严肃活动（*spoudē*）的对立。① 但上面这个文段尤其有趣，因为它同时在两个层面上树立了这种对立：即话语的层面与行动的层面。行动层面的"严肃"，与话语层面的"可证伪"相对照。一段可证伪的话语旨在描述或解释现实，话语的目的外在于自身；同此理，一个严肃的活动则旨在改变现实，其目的也是外在于自身的。至于游戏，即便它也是在现实之中展开，但其目的就在于自身，它并不试图改变真实之物。模仿也一样，它并不设法描述或解释现实，而只是试图让人们遗忘其模仿对象（真实事物）的不在场，从而营造一种看似真实的表象。孩童活动的一个重要特征在于悬置了现实，在其词源学中，我们也可以找到端倪。② *padia*（来自词根 *pais*，"孩子"）最为直接的意思就是指"（孩子的）游戏"。但是，柏拉图将一切和言词上的模仿相关的事情都比作游戏，从而赋予了这个词汇更为广阔的含义。

在柏拉图的理解中，游戏并不仅仅指诗歌作品中的 *lexis*，③ 同时还包括器乐伴奏④以及（尤其是）合唱艺术。所谓合唱艺术，即是指由一个团体完成的歌唱表演，其中会有配合伴奏的舞蹈。⑤ 说到这里，柏拉图向我们提起了克里特的克里特斯（les Courètes en Crète），斯巴达的狄俄斯库里（les Dioscures à Lacédaémone）以及雅典的雅典娜（Athéna à Ahens），他们都投身于舞蹈的游戏。⑥

---

① 《法义》卷一，647d6，卷二，659e4，卷五，732d6，卷七，795d2，796d4，798b6，803c7，d2，d5，卷十，887d4，942a8；《斐勒布》30e5，《理想国》卷十，602b8；《智者》237b10；《会饮》197e7。

② *Paidiá* 源自 *pai*，"孩子"，后者加上了后缀 -*ia* 及词尾的重音就构成了前者，但这个重音十分令人费解。

③ 《理想国》卷三，396e2。

④ 《拉刻》188d4。

⑤ 《法义》卷二，656c3，657c4，d3，673d4，卷六，764e4，771e6，卷七，803e1。

⑥ 《法义》卷七，796b–c。

柏拉图用这些例子,为我们说明了合唱艺术在宗教庆典的祭祀环节①所发挥的作用。② 同时,在这一语境中,我们也可以理解——至少部分地理解——柏拉图所建立的游戏与开蒙(teletē)③之间的关系。在这些仪式的过程中,舞蹈通常用来表演狄奥尼修斯的诞生或死亡:他甫一出生,泰坦便用玩具吸引他,然后将他杀死。这就解释了游戏作为主题与再现的多重规定性(le surdétermination)。

顺其自然地,柏拉图的讨论渐渐从模仿与游戏的关系来到了神话传递与游戏的关系。如果我们接受 Campbell 对《政治家》268e5 处 *paidá* 的重读标音,那么来自爱利亚(Eleatic)的异乡人实际上就已经清楚地确定了这二者的关系。④ 但是,无论如何,我们可以在《斐德若》中找到这种关系:

> 裴德若:和其他游戏相比,这种游戏(*paidian*)是多么优异啊,苏格拉底!其优异之处在于,在讲述关于正义,以及关于其他你所说的话题的神话(*muthologounta*)时,人们可以在言词中得到消遣。⑤

无论我们怎么解读这句话,都难以忽视其中"玩耍"与"讲述神话"之间有着紧密的联系,故而"游戏"与"神话的传递"也紧密地关联。

同样的观点在《法义》卷十再次出现了:

> 雅典人:那么来吧,我们怎么才能平心静气地为诸神的存

---

① 《法义》卷七,796c-d。
② 《法义》卷八,829b7。
③ 《欧绪德谟》227d9;《法义》卷二,666b5;《理想国》卷二,365a1;《智者》235a6。
④ 《政治家》268d8,e5。
⑤ 《斐德若》,276e1-3。

在辩护呢？可以肯定，不论是从前，还是现在，如果有谁不信服神话——那些自其婴儿时期起，从尚在哺乳时，他就已经从其母亲和乳母那里听说过的神话，或如戏耍，或带着几分严肃，这些神话总在其耳边轻轻唱起，宛如咒语——他却要求将论证这些神话的负担强加给我们，我想无人会不对其感到恼怒和反感 (hoion en epōidais meta te paidias kai meta spoudēs legomenōn)。①

下面这段话对此作出了进一步的阐释：

> 雅典人：这就是为什么，我们说歌唱 (ōidas) 是灵魂的咒语 (epōidai)。要产生我们所说的这种和谐 (sumphōnian) 实际上是极端严肃的事情；②而年轻人的灵魂难以承受严肃，所以我们先借游戏与歌曲 (paidiai te kai ōidai)，好让他们慢慢练习这种和谐。③

在这两段话中，因为与"咒语"相仿，所以神话的传递同时表现出了两种矛盾的特质——似乎它既是游戏，又算一项严肃的活动。④在稍后的对话中，柏拉图又一次谈及了这种微妙的联系：

---

① 《法义》卷十，887c7-d5。和英国学者一样，我也认同 hoion... legomenōn 是柏拉图用来代替 hous ēkouon legoumenous 一般形式的独立属格，如同 d7 的 thuontōn。
② Cf.《法义》卷二，653b-c。
③ 《法义》卷二，659e1-5。
④ Pierre Boyancé 的 *Le Culte des Muses chez les philosophes grecs*（[1936] Paris：Boccard, 1972）是一本非常好的关于古希腊咒语 (enchantment) 大体介绍的专著，虽然它的研究方法并不完全严谨。关于咒语，参见 Elizabeth Staf ford Belfiore, "Elenchus, *epode*, and magic：Socrates as Silenus", *Phoenix* 34 (1980)：128—137；关于财产，参见 Roberto Velardi, *Enthousiasmòs：Possessione rituale e teoria della comunicazione poetica in Platone*, Filologia e Critica 62, Rome：dell'Ateneo, 1989。

> 雅典人：现在，对于那个无端指责诸神有所疏忽的人，我想我们已经进行了充分反驳。
>
> 克利尼亚：是的。
>
> 雅典人：我的意思是，我们所作的论证足以迫使他看见自己的错误。但是，我仍觉得我们还需要找一些神话的咒语，诱使他妥协（*epōidōn... muthōn eti tinōn*）。
>
> 克里尼亚：你有什么好主意吗，我的朋友？①

回答克里尼亚的问题时，雅典人提及了一些神话的元素，②我们似可以推论，这些神话元素与咒语相仿，其作用即是改变那些不信神之人的意见。

在《斐多》的末尾，苏格拉底讲述了一个关于来世的神话，他不断地论证其合理性，并不是为了免于不虔的指控，而是为了摆脱对死亡的恐惧：③

> 苏格拉底：当然，一个有理智的人（*noun ekhonti andri*）也不会认为我所说的与事实分毫不差。但是，关于我们的灵魂，以及灵魂死后的居所这一方面，这些话已经接近于真实了——因为我们有明确的证据，证明灵魂不朽——我想这既是一个合理的观点，同时也是一个值得冒险的信念，毕竟这种冒险是高尚的。而当我们使用这种解释时，自己也好像被施了魔法（*hōsper epaidein heautōi*），这就是我为什么要花如此长的时间来讲这个神话（*muthon*）的原因。④

---

① 《法义》卷十，903a7-b3。
② 《法义》卷十，903c-905b。
③ 《斐多》108d-114c。
④ 《斐多》114d1-7。

第七章 说　服

在《斐多》的开头，苏格拉底回应克贝与西米亚斯的话，此时，他就已经提到过这些"咒语"：

> 苏格拉底：克贝和西米亚斯啊，我想，除此之外，你们应该会希望让我们的讨论再稍稍延长。你们的恐惧就如同孩童的恐惧，你们害怕当灵魂从身体中剥离而出时，风会将它吹跑、吹散；如果有人死去的日子并不风平浪静，而是狂风大作，那这种恐惧也就更甚。
>
> 克贝（大笑）：就算我们真的害怕吧，苏格拉底，那你来试试让我们信服。或者，请不要假定是我们在恐惧，假设我们之间真的有一个小男孩，是他有着这些专属于孩子的恐惧。你来试试说服这个小男孩，让他不要再惧怕死亡。
>
> 苏格拉底：你应该做的事情，就是每天对他念咒语（*epaidein autōi*），直到咒语将他的恐惧驱赶一空（*heōs an exepaisēte*）。
>
> 西米亚斯：但是，苏格拉底，我们要上哪儿去找懂这些咒语的魔法师（*tōn toioutō agathon epōidon*）呢，现在你也要离开我们了？①

肉体的毁灭或许会伴随着灵魂的消散——这是许多人怀有的恐惧，而苏格拉底在《斐多》末尾所说的神话，描述了死后灵魂的命运，这个故事即便不能完全地消除这种恐惧，但它至少能够在相当程度上缓解它。

事实上，神话所拥有的治愈作用，完美地与《卡尔米德》中所说的咒语的作用相契合，由于这一段对"咒语"的描述非常重要，我将它完整地引用如下：

---

① 《斐多》77d5-78a2。

苏格拉底：没错，卡尔米德，咒语就是如此（kai to tautēs tēs epōidēs）。我是在军旅之中，向特基拉国王——札尔摩克锡的一位医生学到的，据说，他甚至能够令人长生不老。这个特基拉人告诉我，希腊的医生这么说也没有错。但是，他接着说道："札尔摩克锡，我们的国王——同时也是一位神，他曾说过，治眼不能不治头，治头不能不治身体，因此治身体也不能不治灵魂。正是这个原因，希腊医生有许多不会治的病，那是因为他们不识全体；我们应该好好研究整体，因为除非整体是健康的，否则部分就不会健康。"无论是仅对于人的身体，还是对于整全的人，都如他所说，一切的善与恶都源始于其灵魂，然后流向各处，就好像从头部流向眼睛一样。因此，如果想要头部和身体都保持健康，那么你应当从治疗灵魂开始——这应是第一件事，也是最根本的事。至于对灵魂的治疗（therapeuesthai de tēn psuchēn），年轻的朋友，一定要用到一些咒语（epōidas tisin）才能发挥效果，这些咒语都是得体的话语（tas d'epōidas tautas tous logous einai tous kalous），通过这些话语，明智（sōphrosunēn）得以被植入灵魂，一旦灵魂有明智产生，并保持着明智，那么头部、乃至全身的健康也就接踵而至了。教我治疗和咒语时（to te pharmakon kai tas epōidas），他又补充道："这一种治疗（tōi pharmakōi toutōi），不要轻易听人劝告用这个方子给他治疗头部，除非他先把自己的灵魂给你，让你用这咒语（tēi epōidēi）给他治疗。因为在今天来说，医疗最大的错误就在于，医者的健康与明智（sōphrosunēns te kai hugieias）是相互分离的。"接着，他又再三严令我，在没使用咒语的情况下，别因任何人的劝告说服而对其施以治疗，无论此人有多么富有、多么高贵、多么美丽。我向他起了誓，且我也必须遵守我的诺言。所以，如果你愿意遵照这位异邦者的指示，先将你的灵魂交付出来，让我对它施以特基拉的咒语

(*epaisai tais tou Thraikos epōidais*),那么,接下来,我就可以治疗你的头部了(*prosoisō to pharmakon tēi kephalēi*)。如若不然,那我也无能为力了,我亲爱的卡尔米德。①

必须将这一段文本放在其原本的语境之中,我们才能进行更充分的理解。卡尔米德是克里底亚(Ⅳ)的堂弟,②当他在雅典的金牛体育场(la palestre de Tauréas)遇见苏格拉底时,他还尚未成年,而苏格拉底则为其俊美深深惊艳。卡尔米德向苏格拉底抱怨头痛之苦,并询问是否有治疗之法。苏格拉底此时刚刚从波得代亚(Potidée)回来,这个城市属于特基拉,位于卡尔息狄斯地峡(l'isthme of Chalcidique),雅典为确定自己的宗主权,向波得代亚发兵,苏格拉底于公元前431至前429年就在那儿服兵役。这就是为什么,苏格拉底告诉卡尔米德,他的治疗和咒语都是从特基拉带回来的。也是因为这个原因,苏格拉底提到了札尔摩克锡。札尔摩克锡是特基拉的神,同时他也是一位立法者,传说毕达哥拉斯居住在萨摩斯岛期间,札尔摩克锡曾化为人形,或说他曾教导毕达哥拉斯,或说他追随毕德哥拉斯学艺。③ 还有传言说,每五年,札尔摩克锡就会赋予一个凡人以长生不老的能力——这使得人们自然而然地将他和医生联系起来。

这一段文本的有趣之处在于,苏格拉底建立起了一种对立——负责机体健康(*hugieia*)的药物(*pharmakon*)/让灵魂产生明智(*sōphrosunēns*)的咒语(*epōidē*)。这种二分,一方面与治疗及

---

① 《卡尔米德》156d3-157c6。
② 见本书第二章的谱系表。
③ 关于札尔摩克锡,参见 François Hartog, "Salmoxis: le Pythagore des Gètes ou l'autre de Pythagore?", *Annali della Scuola normale superiore di Pisa*, *Classe di Lettere e Filosofia*, series 3, vol. 8, no. 1(1978): 15—42; *Le Miroir d'Hérodote*, Paris: Gallimard, 1980, pp. 102—127。

咒语的功能有关,一方面也与这二者的对象有关;它代替了另一种关于二者本身性质的二分方法。药物是一种有形的实体;而"咒语"则更类似于一种语言实践,它作用于灵魂的性情,使灵魂之中产生明智。《欧绪德谟》中也提出了类似的观点:

> 苏格拉底:对于这些人,这些言语制造者们(hoi logopoihoi),每当我遇见他们时,就感到他们的确是无比聪明的,克里尼亚,同时,他们的技艺看起来也是神圣而高尚的。然而,这并没有什么好奇怪的,它也是巫师之术中的一部分(esti gar tēs tēi epōidōn tkhnēs morion),只是比起真正的巫术,仍稍有不及。巫师之术(ē men gar tōn epōidōn)是对蝮蛇、狼蛛、蝎子,以及其他毒虫毒兽的咒语(kēlēsis);而另一种技艺(即言语制造者的技艺)则是对陪审团、议会,以及其他各种人群的咒语(kēlēsis)与说服(paramuthia)。①

苏格拉底一方面将咒语定义为招徕野兽(thērion)及疾病(nosōn)的技艺,一方面又将制造言语的技艺表现为咒语的一部分。苏格拉底在这里谈及野兽,实际上向我们提示了一种新的、重要的元素,令人不禁联想起《蒂迈欧》②中的一段,其中人类灵魂中欲望的部分就被形容为野兽——位于膈膜与脐孔之间的胃就是它的主宰:

> 蒂迈欧:有一部分的灵魂渴望食物、饮料,以及其他肉体所需之物,他们(造物神的帮手)将其放置在膈膜与脐孔之间,

---

① 《欧绪德谟》289e1-290a4。
② 《蒂迈欧》70d7-72b5。对这一文段的完整分析,参见 Luc Brisson,"Du bon usage du dérèglement", *Divination et Rationalité*, Paris: Seuil, 1974, pp. 220—248, esp. 235—242。

整个设计为负责身体养分的饮食区域,使得就好像有一只野兽(*thremma agrion*)被锁在人的内部一样,必须喂养它,人才能存活下去。①

蒂迈欧接着又继续解释,为什么人类灵魂中掌管欲望的部分要被放置在身体的这个区域。因为它必须尽可能地远离灵魂中不朽的部分——也即理智的部分——这样一来,才可以保证理智在最小的限度上受到非理性带来的无序的影响。另外,肝脏被放置在灵魂欲望部分的前面。肝脏就好像一扇荧幕,在人的这个部分,理性难以正常使用,神就在肝脏上映射出图像,目的是对人类灵魂中抵触理性的部分进行威慑或抚慰。

神话所产生的咒语具有一种魔力,它可以令灵魂中欲望部分的表现发生改变。而在我们刚刚读到的文本中,因为欲望的部分距离理性最远,所以神依靠肝脏反射图像,对它进行威慑,以确保它正常无虞。因此,在这里,"魔力"与"威慑"是紧密相连的。事实上,二者的目标都不外乎治疗人类灵魂中的"无理"(la déraison)。② 因此,神话咒语最根本的作用就在于巩固理性对灵魂欲望部分的控制。在《卡尔米德》中,苏格拉底将咒语说成是一种让智慧在灵魂中产生出来的神药,其意图也正是如此。

上文刚刚提到的《欧绪德谟》中既然说到巫师的技艺就是蛊惑的技艺,那么在接下来的这段来自《法义》卷三讨论"性节制"的引文中,柏拉图在神话交流与蛊惑技艺之间构筑起明确的关系,也就毫不令人意外了:

雅典人:那么,这是为什么呢?为了获得格斗比赛、赛马

---

① 《蒂迈欧》70d7-e5。
② 《蒂迈欧》86b2-4。

比赛以及其他此类赛事的胜利,这些人毫不犹豫地放弃了常人所说的"天堂的幸福"。但是,还有更为高尚的胜利等着我们赢取,我希望我们的学生不要放弃坚持——我们称颂这种高尚,自他们儿时起,他们就从神话、格言、歌谣中听到这些,这样一来,他们将会被引导着相信,这种胜利将是最为高尚的 (*legontes en muthois te kai en rhēmasin kai en melesin aidontes hōs eikos*,*kēlēsomen*)。①

这可以得出怎样的结论呢?我们刚刚已经考察过的四个文段展现了神话讲述施加于人类灵魂的作用②,它产生的作用是斐然可观的。事实上,柏拉图将神话讲述与蛊惑技艺(*kēlēsis*)以及咒语(*epōidē*)所产生的效果相提并论;它让行为举止发生改变的方式也不同寻常,它以声音为途径,改变人类或野生动物的实际行为及道德行为。但是,我们切不可像神话的听众一样,也被神话的这种奇效所欺骗。通常情况下,柏拉图用动词 *peithō*("说服")③来表示这种效果。④ 下面这两段引文则进行了进一步的扩展:"孩子们听见[这些神话],并将其吸收到思维中去",⑤以及"仔细听我的神话,就像孩子们那样"。⑥ 值得注意的一点在于,神话的对象就是(或者说应该是)孩子。理由非常明显,童年时期及青少年时期都表现出人类生活未开化的一面。⑦ 在童年时期,或青少年时期,

---

① 《法义》卷八,840b5-c3。
② 也即《法义》卷十,887c7-d5,903a7-b3;《斐多》,114d1-7;《法义》卷八,840b5-c3。
③ 关于 *peithō* 一词,参见 Marcel Detienne, *Les Maîtres de vérité dans la Grece archaïque*,51—80,esp. 62—68。
④ *Rep.* Ill 415c7, X 621c1;*Phdr.* 265b8;*Laws* VII 804e5, X 887d2, XI 913c1-2, 927c7-8。
⑤ 《理想国》卷二,377b6-7。
⑥ 《政治家》268e4-5。
⑦ 《法义》卷八,808c7-809a6。

灵魂中占据统治地位的都是欲望的部分。① 在这种情况下,一种名为神话的游戏就出现在人们的视野中,它是唯一一种能对欲望产生抑制的资源:

> 苏格拉底:对于那些被采纳的神话,我们就要求乳母和母亲将其讲给孩子听,以便用这些神话塑造他们的灵魂,更胜过用双手养育他们的身体。②

我现在应该清楚,为什么柏拉图在《法义》中将神话作为教育的第一个步骤,③并且在 paidia("游戏")与 paideia("教育")④之间大玩文字游戏了。和 paidia 一样,paideia 也源自于 pais,只不过它加上了后缀-eia,如果将它的后缀变为 peuō,那么我们则可以得到一个动词性衍生词,即 paideuo("教育")。

在神话传递的每一阶段都有模仿的介入,因此神话不过是一种游戏。然而,它却是一种严肃的游戏,因为它对聆听者的灵魂有着强大的影响力。如果我们再想一想,每一名公民自其孩提时期都曾听过这些神话,这些神话实际上构成了他们教育的第一块基石,那么这种游戏的严肃性就更不容小觑了。这就是为什么像柏拉图这样一位以改造自己所生活的城邦为己任的哲学家,会为了神话的创作与传播费心不已。

但是,为何在神话的讲述过程中出现的模仿具有如此大的效力呢?这问题的答案相对要简单一些。神话的传述实际上如同所有其他游戏的过程一样,也提供了一种愉悦:

---

① 《蒂迈欧》43a6-44d2。
② 《理想国》卷二,377c2-4。
③ 《法义》卷七,796e-798d。
④ 《法义》卷二,656c2,卷七,803d5,卷八,832d5。

> 克里底亚:我听着的时候,对老人的讲述充满着孩童的乐趣(meta pollēs hēdonēs kai paidias);他已经准备好要教导我了,于是我一遍又一遍地请他再说一遍,就这样,它像一张不可磨灭的图画,深深地烙印在我的脑海中。①

小克里底亚甚至认为,神话所带来的欢愉是帮助他回忆的宝贵援手。

在柏拉图的著作中,并没有其他地方详细地阐释这种双重的关系。但是,还有两个段落暗示了聆听神话所带来的愉悦。第一个段落在《斐多》的末尾:

> 苏格拉底:如果这是讲述神话(muthon)的适当时机(kalon)的话,希米阿斯,你应该听一听,在大地之上、天穹之下的事物究竟是怎么样的。
>
> 希米阿斯:当然,苏格拉底,不管怎样说,听这个神话(tou muthou)都会让我们十分愉悦(hēdeōs)。②

在这一文段,副词 hēdeōs("愉快地")与上面《蒂迈欧》选段中的短语 meta hēdonēs 相对照。另外,在这个问题上,普罗泰戈拉的体验比希米阿斯的体验更加清晰:

> 苏格拉底:如果你能够明明白白地向我们证明,美德是可教的东西,那么请不要把你的智慧珍藏起来,给我们说说吧。
>
> 普罗泰戈拉:我不是一个吝啬鬼,苏格拉底。但是,现在,你是希望我像老人给年轻人讲神话那样把这道理解释清楚,

---

① 《蒂迈欧》26b7-c3。
② 《斐多》110b1-4。

还是希望我用论证的语言把它展示出来呢(*alla poteron humin ōs presbuteros neōterois muthon legōn epideixō ē logōi diexelthōn*)?

(许多听众都回答说,让他以自己喜欢的方式讲述)

普罗泰戈拉:好吧,我想给你讲个神话更令我舒适(*khariesteron*)。①

事实上,与希米阿斯不同,普罗泰戈拉并不仅仅认为聆听神话的过程会产生愉悦。他更进一步地将这种愉悦放入一个大的背景,在这个背景中存在的许多对立都已经或即将变得明朗。

然而,归根结底,神话所带来的愉悦究竟源自什么地方呢?首先,这是一种审美上的愉悦,也就是说,这种愉悦来自于生动的故事、动人的歌曲、美妙的音乐或者曼妙的舞蹈。除去种种审美的愉悦,还应加上一种游戏的愉悦,事实上,游戏具有两种根本的特质。首先,作为一种在现实中开展的活动,游戏有着无与伦比的自由度,它故意忽视限制,并且也不寻求变得"有用"。另一方面,在自己所划下的界限以及采纳的规则之内,游戏实际上构成了一个有限的整体,在这个有限的、封闭的世界中,任何活动都能触及到其边界并且寻求到意义。这不也恰恰解释了为何神话的讲述者们必须将自己的故事讲述完整吗?② 游戏的这两个特质使得神话更添吸引力,而神话传递的种种则增强了神话的审美愉悦。③

最后,我们还需回忆一下,这种游戏通常——至少在很大程度上——开展在宗教的背景之下。在这样的背景之中,无论是神话

---

① 《普罗泰格拉》320b8-c7。
② 见第四章。
③ 参见 Paul Veyne, *Did the Greeks Believe in Their Myth? An Essay on the Constitutive Imagination*, Paula Wissing 译, Chicago: University of Chicago Press, 1988, 其中包含更多关于此问题的思考。

的传述者、制造者,抑或是其听众,都十分享受情感的融合。他们在一起,重新发现了那模糊了人类世界、超越世界(诸神世界)以及低级生命(动物王国)之边界的过去。

第二部分

第八章　神话之为话语

如果我们在广义上将 logos 理解为"话语",那么它的涵指就十分简单:"某人的思想(dianoian)通过声音(dia phōnēs),并借助动词与名称得以表达(meta rhēmatōn te kai onomatōn)";① 这样的话,任何神话也可被看作是 logos。——这也就是柏拉图的做法,在下面这段来自《理想国》卷二的引文中表现得尤为明显:

　　苏格拉底:那么,我们的教育是否该从音乐开始,然后再教体育?
　　阿德曼图斯:当然如此。
　　苏格拉底:你将故事(logous)也包括在音乐中了,是这样吗?
　　阿德曼图斯:没错。
　　苏格拉底:而故事分为两种,一种是真的,一种是假的?
　　阿德曼图斯:是的。
　　苏格拉底:那么教育应该同时利用这两种故事,不过首先应该利用假的那种?

---

① 《泰阿泰德》206d1-2。

阿德曼图斯：我不懂你这话的意思。

苏格拉底：你难道不理解我们首先给孩子们说神话（muthos）吗；而神话，总体而言是假的，但是其中也有一些真东西？而我们在教孩子体育之前，先使用神话。

阿德曼图斯：是这样。①

在本书第九章的第三部分，我们将详细地分析这段引文，它提出了一个问题，这个问题是关于真实之价值和神话之虚假的。而现在，我们先注意这一个问题：神话属于音乐的领域，也就是说，从词源学看来，神话隶属于缪斯女神的统管之下，它与包括体育在内的、所有构成古希腊传统教育的基本元素一起，都是柏拉图改造的对象，他希望通过这种改造，使得它们更加适合于《理想国》所描述的理想城邦中的守卫者。在音乐的领域中，神话与"话语"因素是相对照的——正如我们在第六章中说过的，音乐的因素还包括节奏与旋律。因此，在这儿，在广义的"话语"意义上，即便我们不断然地说 muthos 与 logos 是同一的，但是这二者之间至少存在着一种类似性。

为了充分理解这一点，我们必须先把 muthos 与 logos 还原到其原本的词族中去，换言之，我们需要将它们放置到古希腊语中与"说"、"听"有关的词族中去。考察这一词族时，我们不仅需要从共时语言学的角度（d'un point de vue synchronique）出发，同时还需要从历时语言学的角度（d'un point de vue diachronique）出发。因为它们所表示的不仅仅是柏拉图使用的语词系统的状态转变，在柏拉图如此运用它们之前，语义学已经经历了一个漫长的转变过程，在这个过程中，许多词语才渐渐地表现出相互依存的关系。②

---

① 《理想国》卷二，376e6-77a8。

② 这个短小的段落中包含的许多结论都来自 H. Fournier, *Les Verbes "dire" en grec ancien: Exemple de conjugaison supplétive*, Paris: Klincksieck, 1946.

Muthos 的词源，我们不得而知，但可以确定的是，经过荷马与柏拉图，它的意义发生了深刻的变化，而 *logos* 在关于"说"的词族中变得愈发重要也是这个道理。或许有人认为 *logos* 同时继承了 *epos* 与 *muthos* 的涵义，如果这样理解的话，我们很轻易就可以弄清楚为什么柏拉图能够在广义的"话语"意义上将 *muthos* 与 *logos* 同化了。但是，如果我们仔细思量一下词根 *leg-* 的涵义，并考虑一下 *logos* 所经历的语义学转变，就会发现，我们不仅不可能在 *muthos* 与 *logos* 之间找到同一性，更有甚者，这两种语言学的探究还让我们发现了二者之间存在的一系列对立。其中最为重要而明显的两种对立即是，*muthos* 是一种不可证伪的话语，而 *logos* 是一种可证伪的话语；以及，*muthos* 是一种故事话语，而 *logos* 是一种论证性的话语。我们将在接下来的章节对这个问题进行进一步的阐释。

　　总而言之，当柏拉图将 *muthos* 同化为 *logos* 时，他实际对后者的古义进行了呼应：即作为"表达自身的思想"或"意见"的话语。这种曾在荷马史诗中被频繁使用的涵义终于重新被"*logos*"拾起。然而，当柏拉图在二者之间构筑对立时，即可证伪之话语与不可证伪之话语/故事与论述性话语，他则果断地以一种原创性的方式重新整合了古希腊语中的"说"的词族，以迎合他自己的主要目标：让哲学家的话语成为判断他种话语之合理性的尺度，尤其是要成为诗人话语的尺度。

第九章　对立：神话/可证伪的话语

在柏拉图那里，*logos* 并不仅仅指语言表达，它不仅仅是一般意义上的话语，而尤其指可证伪的话语（le discours vérifiable）。①非常明显，在这个意义上，*muthos* 与 *logos* 之间的关系，与上一章节所描述的那种关系是截然不同的。

在《智者》中，柏拉图曾在"可证伪的话语"的意义上定义 *logos*。② 这种分析还具有另一个效果，它自身作为一个范例，参考之下，神话就可被定义为"不可证伪的话语"。如果我们确以 *logos* 为范例对 *muthos* 进行定义，那么还应考察三个问题：在我们称之为"神话"的话语中，会出现哪些类别的主语及动词呢？它的指涉是什么？我们如何辨认它是真实，还是虚假？

《智者》的讨论从一段开场白开始。泰阿泰德（Theaetetus）与塞奥多洛（Theodorus）来赴苏格拉底前日的约会——这个约会就

---

① 在这里，"证伪"应被理解为"与事实相悖"。一段可证伪的话语是面相事实的，这时，它或与之相符，或与事实相矛盾。如果我们对一段话语无从判断真假，那么它就是不可证伪的：神话就属于这种情况。尤其在科学哲学中，"可证伪"这一术语经过波普尔（Popper）而流行起来。一段话语是真实的，当且仅当事实为其提供了印证；如果哪怕只有一个事实证明了其错误，那么这段话语就是"假的"。说一段话语是不可证伪的，也就是说，这段话语与事实之间的关系是不可确定的。神话就是如此。

② 《智者》259d-64b。

是在《泰阿泰德》篇末订下的那个约会。① 与泰阿泰德同来的还有小苏格拉底,在《智者》中,他一直保持沉默;但是,自《泰阿泰德》147d1 起,就已经在为他作为一名对话者出场而做准备了(《政治家》257c7-8;《哲学家》)。这一次,塞奥多洛还带来了一个异乡人,据他介绍,这名异乡人师从巴门尼德与芝诺,是一位来自爱利亚的哲学家。② 于是,苏格拉底接过话头,向异乡人问到,人们怎么才能辨认出哲学家并将他与智者及政治家区分开来呢?

爱利亚的异乡人先是略表推辞,称自己可能难以回答这样一个既新奇又复杂的问题;随后,他便开始试着定义智者——而这当然就是《智者》的主题了。在后来的《政治家》中,这位异乡人还继续定义了政治家。最后,或许在未写成的对话《哲学家》中,他还会对哲学家进行定义。③

这段开场白之后,④为了给智者一个定义,爱利亚的异乡人开始了一段冗长的探究。下面是这段探究的大致提纲:

1. 将要使用的方法(218b-21c)
2. 对方法的实际应用(221c-22a)
　　—定义 1(222b-23b)
　　—定义 2(223b-24d)

---

① 《泰阿泰德》210d3-4。
② 《智者》216a1-4。
③ 关于这篇对话存在性、对象、结构的推测,参见 F. M. Conford, *Plato's Theory of Knowledge*, [1935], London: Routledge & Kegan Paul, 1964, pp. 165—170; E. A. Wyller, "*The Parmenides is the Philosopher*: A thesis concerning the inner relatedness of the late Pl atonic dialogues", *Classica & Mediaevalia* 29(1968): 27—39; S. Panagiotou, "*The Parmenides is the Philosophe*r: A reply", *Classica & Mediaevalia* 30(1969): 187—210; F. Sontag, "Plato's Unwritten Dialogue: The *Philosopher*", *Congrès international de philosophie* 12(1960): 159—167; M. W. Haslam, "A Note on Plato's Unfinished Dialogues", *American Journal of Philology* 97(1976): 336—339。
④ 《智者》216a-18b。

——定义 3(224d-e)

——定义 4(224e-26a)

——定义 5(226a-31c)

A. 回顾与概括(233a-37a)

B. 定义 5 中出现的问题(223a-37a)

(1) "非存在"的真实性(La réalité du non-être)(237a-59d)

(a) "非存在"的谬误与问题(237a-42b)

(b) 对"存在"之理论的批判(242b-50e)

(c) 述谓的问题,以及种(kinds)的统一性问题(251a-254b)

(d) "非存在"的性质与现实(254b-59d)

2. 话语与意见中谬误的可能性(259d-64b)

——定义 6(264b-68d)

这段冗长铺陈的核心部分是关于智者的第五则定义。在这则定义中,智者被表现为利用语词的江湖骗子:他将错的变为真理,将不存在的变为存在。这则定义解释了我们作进一步论证的必要性,与巴门尼德的说法不同,我们发现"不存在"不仅仅在意见(doxa)与话语(logos)①

---

① *Soph.* 259d-64b. 关于这一段对话的注疏可谓汗牛充栋,下面是一个简短的书目索引:J. L. Ackrill, "*Sumplokē eidōn*", in R. E. Allen ed. , *Studies in Plato's Metaphysics*, London: Routledge & Kegan Paul/New York: Humanities Press, 1965, pp. 199—206; J. L. Ackrill, "Plato and the Copula: *Sophist* 251—259", *Studies in Plato's Metaphysics*, pp. 207—218; D. Keyt, "Plato on Falsity: *Sophist* 263b", *Exegesis and Argument: Studies in Greek Philosophy presented to G. Vlastos*, ed. E. N. Lee, A. P. D. Mourelatos, and R. M. Rorry, *Phronesis* supp. vol. 1, Assen: Van Gorcum, 1973, pp. 285—305; J. M. E. Moravcsik, "*Sumplokē eidōn* and the Genesis of *logos*", *Archiv für Geschichte der Philosophie* 42(1960): 117—129; and A. L. Peck, "Plato's *Sophist*: The *Sumplokē tōn eidōn*", *Phronesis* 7(1962): 46—66. 关于这一段更多的信息,参见 Luc Brisson [with the contrbution of H. Ioannidi]的书目索引, "Platon 1975—1980", *Lustrum* 25(1983); *Lustrum* 30(1988); *Lustrum* 35(1993 [1994])。

中,它在现实中也有一席之地——现实中的"不存在"也就是谬误。

据爱利亚的异乡人所说,话语最基本的定义中应当包含三种元素,其中最后一种元素是前两种元素的相互关系:(1)一段交织了名词与动词的叙述;(2)这段叙述总是用于指称某事;(3)因此,它必然有真假之分。

从根本上说,一段叙述由名词与动词组成。① 动词($rhēma$)即是"用于指称动作的表达";② 名词($onoma$)则是"用于指称发出动作者的口语标识"。③ 不过,仅将一系列动词("走""跑""睡"),或一系列名词("狮子""鹿""马")串在一起并不能构成话语。要构成话语,就必须将动词与名词编织在一起:

> 异乡人:当有人说"人懂",你是否认为这是一种最初级、最简短的话语?
> 泰阿泰德:我赞同。
> 异乡人:因为它提供了关于现在、过去或将来的事件和信息:它并不仅仅提到某些东西,而是将动词与这些名称编织起来,从而将你带到了一个地方。因此,我们说它"叙述"了某事,而不仅仅是"称呼"了某事,而当我们用"叙述"这个词的时候,我们正是在指这样的复合体。
> 泰阿泰德:你说得很对。④

由于"叙述",或者说"话语",是这样由动词与名词一同编织出来的,所以究其本性而言,它是指向语言之外的现实的;既是现实,则必然或是现在,或是过去,或是将来——除此之外,现在时还可以

---

① 《智者》262a1。
② 《智者》262a3-4。
③ 《智者》262a6-7。
④ 《智者》262c9-d7。

指涉非时间性的事物。①

在这个地方,话语的第二个基本元素就进入了我们的视野:"无论何时,一则叙述必然是关于某事物的;它不可能不关于任何事物。"②而话语的第三个基本元素则是关于第二个元素与第一个元素之间关系的,也即是关于话语的真实性的。

下面的引文可谓这段论证的极致表现:

> 异乡人:另外,我们都同意,任何的叙述("泰阿泰德坐";③"泰阿泰德[我此刻正在谈论的这个人]飞")④必然具有某种性质。
>
> 泰阿泰德:是的。
>
> 异乡人:那么,我们分别指派给这些(叙述)什么样的性质呢?
>
> 泰阿泰德:一个是假的,另一个是真的。
>
> 异乡人:关于你的那则真实的叙述,正和事情本身一样。
>
> 泰阿泰德:确实如此。
>
> 异乡人:而关于你的那则虚假的叙述,则和事情本身有出入。
>
> 泰阿泰德:是的。⑤

换言之,任何名词与动词的交织,只要它们与自己所包含的内容是相符合的,那么它就是真的;而假若它们与其内容不符,那么就是假的。对于后一种情况,叙述并非不指涉任何事情,而是指涉了一

---

① CF.《蒂迈欧》37c-38c。
② 《智者》262e5-6。
③ 《智者》263a2。
④ 《智者》263a8。
⑤ 《智者》263b2-8。

些在其叙述之外的事情。

最后,值得注意的是,对柏拉图而言,话语的领域与思想的领域其实是同质的:"其实,思考(dianoia)与话语(logos)是一回事情,我们称之为'思考'的东西,其实就是思维之中自己进行的内部对话,它只是没有说出声罢了。"[1]因此,柏拉图针对话语所做的一切描述,其实也都可以适用于思考。

《智者》259d-264b 的分析只停留在最基本的层面,其实,它还未触及问题的本质。柏拉图对话语的定义是从话语的基本元素入手的,但是他却没有在语法与逻辑之间作出区分;句子被定义为"名称与动词的交错编织",而命题也被定义为"将一个或多个谓语分配给一个或多个主语"。除此之外,关于所谓的"指涉"问题,柏拉图的处理未免显得有些模糊暧昧,并且有些草草了事。这个问题其实非常困难,因为它带出了极为复杂的逻辑上的和本体论上的困难,[2]所以,时至今日,我们仍未就其达成共识。最后,关于话语的真实性与虚假性的问题,则在另一个层面上体现了其自身的复杂性。

虽然如此,但到目前为止,我们对这段冗长的铺陈已经非常清楚了。可证伪的话语——它一方面对 logos 的涵义作出了限制,另一方面也使其变得专门化——通过它,我们得以区分智者与哲学家。智者以虚假的话语为特征。所谓虚假的话语,即话语之中所担负的东西与话语所叙述的东西不同。虚假的话语展现出的图景并不忠诚于现实,但是它却自称写实。对智者而言,这种虚假往往是故意为之的,因此,在末尾处,对话称智者是"话语王国中人类幻象的制造者"。[3] 而另一方面,哲学家则以真实的话语为标

---

[1] 《智者》263e3-5。

[2] Leonard Linsky, *Referring*, London: Routledge & Kegan Paul/New York: Humanities Press, 1967.

[3] 《智者》268c-d。

识。——正式进入这个问题之前,我们还有一项工作要做,即我们现在有必要在柏拉图的理论框架内,对关于理型的话语与关于可感事物的话语进行区分。关于这个问题,《蒂迈欧》中有一段尤为清晰的文字:

> 蒂迈欧:说起摹本及它的模型,我们或许会说,话语和它们其实相差无几;当话语讲述的是恒远的、不变的、可为理性所把握的事情时,话语也应是恒远而固定的,并且只要有可能,话语甚至是无可辩驳、不可动摇的。但是,假如话语所表达的只是副本或相似物,而不是永恒的事物本身,那么这种话语与之前那种话语相比,就不过是可能的、相类的。就像生成者之于存在,像信念之于真理。①

这个段落与另一个段落呼应成趣,②在它们的讨论中,"理性"与"真实的意见"形成对照——前者以理型为对象,而后者则以肉体感知到的可感事物为对象。这种对立最初是知识论意义上的,渐渐地,它被另一个社会学意义上的对立所取代:"每个人或许都分有了正确的意见,但是理性,则只被神分给了一小部分人。"③很显然,这一小部分人正是哲学家。

正因如此,柏拉图才不厌其烦地精心阐释 *logos* 的涵义。就其广义而言,*logos* 在《智者》中被定义为可证伪的话语,也就是说,它是可以被确定为真实或虚假的。唯有哲学家,在沉思理型的世界时,才可以运用真实的话语,因为唯有这个对象具有绝对的稳定性。而另一方面,智者则是幻象的制造者(fabricant de

---

① 《蒂迈欧》29b3-c3。
② 《蒂迈欧》51d3-e6。
③ 《蒂迈欧》51e5-6。

simulacres),他们只能制造出虚假的话语,因为他们的对象不过是类似物。① 最后,所有人,包括哲学家在内,通过感官,都会获得关于可感事物的经验,而由于可感事物都是理型的摹本,所以可感事物的话语也类似于一种与理型相关的话语。而可感事物本身始终处在生成变化之中,便意味着这种话语也是不稳定的。以"正在下雨"这样一句简单的叙述为例,它可能此一时是真实的,而彼一时就变为虚假的了。

这样一种关于 logos 的解释仍夹杂着许多问题,下面这个问题就是其中最重要的一个。如果像《智者》所定义的那样,logos 就是一种类型的话语——可证伪的话语,无论它指涉的是理型,抑或是可感事物,其真实性或虚假性都是可以判断的;但是,还有一些事物,我们必须认为它们存在,而谈及它们时,我们却无法使用可证伪的话语,那么对于它们,我们又该如何进行表述呢?为了回答这个问题,我们必须以《智者》259d-264b 对 logos 作定义的方式为参照,试着去寻找 muthos 的定义。

1. 构成(名称与动词)

《智者》从构成话语的基本构成元素入手,将广义的话语定义为"动词与名称的交错编织",其中动词指示动作,而名称则指示这些动作的主语。② 那么,对于 muthos,这个柏拉图使用了六十一次之多的术语,我们如何在此层面上确定其指涉呢?③

就其基本的构成元素而言,神话同样是"动词与名称的交错编织"。

---

① 《智者》266d9-e1。
② 《智者》261e-62d。
③ 见附录1。

在《理想国》卷二与卷三中,讨论护卫者教育中音乐的地位问题时,柏拉图为我们提供了一张列表——关于音乐与何种话语相宜的列表——其中神话话语的主语被分为了五个等级。为了便于理解,下面是一张关于《理想国》卷二与卷三的纲要表:

音乐(376e-403e)
Ⅰ. 介绍(376e)
Ⅱ. 展开(376e-400e)
  A. 话语(376e-98b)
    1. 内容(376e-92c)
      a) 神(以及精灵)(376e-83)
        (1) 对过去的批判(376e-78e)
        (2) 提出控制原则:如神(或精灵)所是地表现他(378e-379a)
        (a) 神是善的唯一原因(379b-80c)
        (b) 神不会改变(380d-82c)
      b) 哈德斯(383a-87c)
      c) 英雄(387d-92a)
      d) 凡人(392a-c)
    2. 形式(392c-98b)
  B. 旋律(398c-99e)
  C. 节奏(399e-400e)
Ⅲ. 结论(401a-403c)

根据柏拉图的清单,神话话语的主语共分为诸神、精灵、哈德斯的居民、英雄与凡人五种。

这一大段铺陈论述很好地凝练在下面这段引文中,其中也提到了五种等级:

苏格拉底：还有哪类话语待我们讨论，决定它该说还是不该说呢？我们已经规定了正确地谈论诸神、精灵、英雄还有哈德斯世界的方式了。

阿德曼图斯：我们已经规定了。

苏格拉底：那么，还有关于人的话，尚未决定。

阿德曼图斯：显然如此。①

所有指涉神话话语主语的名称——无论柏拉图②是否亲口提到过它们——都表现出一个相同的本质：即它们都是专有名称。因此，它们并不指示某个类别（"诸神、英雄等"），而是指涉个体（"宙斯、俄狄浦斯等"）或被视作个体的集体（"缪斯、特洛伊人等"）。因此，这些专有名称绝大部分都具有阴阳性，并指涉有生命的活物，其中鲜有例外。另外，这些活物往往都被赋予了理性，因而都具有不朽的灵魂。这就是为什么动物、植物以及无生命的事物都不被列在此清单之内。

虽然被排除在名单之外，但这并不意味着动植物及无生命物体不在神话中占有一席之地。事实上，这些事物都在神话中扮演着重要的角色。不过，它们的出场往往是将上文我们枚举的五个种类中的某个有生命物当作其范式，而并没有表现出其自身特有的动物学、生物学及物理学的行为模式。这样一来，谈及它们的方式就始终都是拟人化的。③

---

① 《理想国》卷三，392a3-9。

② 见附录3。

③ 伊索寓言是一个十分有趣的例外情况。在《斐多》中，柏拉图同时谈到伊索所创造的话语形式，希罗多德（1. 141）与阿里斯托芬（《黄蜂》1258，1399；《鸟》651）的 *logos*，以及埃斯库罗斯（《密尔弥登人》残篇，231）的 *muthos*（《斐多》61b6）。伊索同时被描述为 *logopoios*、*muthopoios*，甚至 *logomuthopoios*。关于这个问题，参见 B. E. Perry, *Studies in the Text History of the Life and Fables of Aesop*, Haverford：American Philological Association，1936；*Aesopica*，Urbana：University of Illionois Press，1952。

我们已经描述了名称所具有的特点,那么与之交错编织的动词又具有怎样的特点呢?就其一般的规则看来,普罗普(Vladimir Propp)为俄罗斯民间故事建立的功能类型学或也可适用于这些动词。①

如果将关于动词功能的类型学与柏拉图的专有名称列表放在一起,我们或许很快会注意到,和流俗的民间传奇一样,神话也是由一小部分、范围相对固定的基本元素构成的。但是,这些基本元素之间的关系具有多种可能性,这就为人们源源不断地制造新的故事留下了空间。

为什么柏拉图如此精心地为神话话语的主语列出一份清单,但是却不为这些描述主语之动作的动词也列一份清单呢?

作为一名哲学家,柏拉图从自己的观点出发,当然对诸神、精灵、英雄、哈德斯的居民以及凡人有许多可以说的。而神话所使用的动词,其描述的种种行为都是在可感世界开展的,而可感世界在柏拉图看来不过是对理型世界的分有。这就是为什么柏拉图并不重视它们,而更倾向于用动词描述理型之间的关系。另一方面,每一则信息最初都是依靠口头传述流传下来,而诗人、集体记忆的专家,也并未参与到此过程中;因此,在这个漫长的时期中,这些信息难免会遭到毁坏。它们遭受的毁坏在程度上或有不同,但受到影响更多的往往是信息中已完成的动作,而非参与这些动作的主体。②

---

① 参见 V. Propp, *Morphology of the Folktale*,第一版,L. Scott 译,Svatava Pirkova-Jakobson 作序;第二修订版附 L. A. Wagner 与 A. Dundes 的新序言(Austin and London: American Folklore Society/Indiana University Research Center for the Language Sciences, 1968)。V. Propp, *Morphologie du conte* [1928],以及 *Les Transformations des contes merveilleux* [1928],附加附录,E. Mélétinski, *L'Étude structurale et la typologique du conte* [1969],M. Derrida、T. Todorov 和 C. Kahn 译,Paris: Seuil, 1970, p. 225。

② 见第二章。

第九章 对立:神话/可证伪的话语

这就解释了为什么,在某个程度上,谱系学与神话是密不可分的。事实上,谱系学为神话创造出一个基本框架,这样一来就可以避免混淆,而德蒂安(Marcel Detienne)的工作反其道行之。[①] 埃及祭司对梭伦说:"梭伦啊,关于你刚刚所说的,你们的谱系(ta genealogēthenta),它们并没有比孩童的神话(paidōn muthōn)好多少。"[②]这句话不过是蜻蜓点水,柏拉图下面这段描写则更加体现了谱系学与神话的复杂联系:

> 克里底亚:有一回,梭伦想要引诱他们谈谈古代的事情,他便自己讲起了关于我们这儿最古老的神话(muthologein)——关于弗洛纽斯的,据说他是"第一个人";关于尼俄柏的;关于从大洪水中幸存的丢卡利翁与皮拉。梭伦一路追溯他们后裔的谱系(kai tous ex autōn genealogein),并估算年代,试着算出这些事情距他的讲述有多少年。[③]

简而言之,只要一个神话还没有被完全遗忘,那么我们甚至不必将它完整地复述出来,而是只需要对它稍作回想,便可将其作为对某些谱系关系的证明。

无论是否拥有合理的顺序,神话绝无可能被还原为一系列适宜名称的集合,也不能被一句话概括,所以德蒂安的观点无疑是错误的——他认为,在柏拉图那里 muthos 无异于谚语。[④]

---

① Marcel Detiennein 对 *The Creation of Mythology*(Margaret Cook 译,Chicago and London: University of Chicago Press, 1986)一书中 128 处的结论十分确信,这种态度与他在 88—89 解读《蒂迈欧》23b3-5,22a4-b3 时的谨慎截然相反。另外,对于读过 *Le Temps de la rélexion*(J. B. Pontails, ed., Paris: Gallimard, 1980, 51)中 "Une mythologie sans illusion" 一节的读者而言,Detienne 的解读表现出了一种退步。

② 《蒂迈欧》23b3-5。

③ 《蒂迈欧》22a4-b3。

④ Detienne, *Creation of Mythology*, 90, n. 52 and 95, n. 95.

为了支撑自己的观点,他在书中援引了下面的文段,而事实上,这个段落恰恰表明谚语与神话之间存在着截然的区别:

> 雅典人:"不要动不该动的东西",这句智慧的谚语是四海皆准的①,而在这儿,它也正好适用。除此之外,人们也应该信服与此情景相关的神话,这样的财富并不会为子孙后代带来幸福。②

德蒂安列举的其他所有"箴言"③的例子也都可以得到解释:在《法义》中,柏拉图对"muthos"的使用是特殊的,它指的是立法者为法律所作的序言。④

每次在其"原初"意义上使用 muthos 时,⑤柏拉图指的都是一段话语,而非一个句子。就好像一个句子不能被简单地化约为词语的总和,话语也与长句类似,后者不能被化约为一堆简单的构成元素,话语也具有这种原初的统一性。从这个角度看来,由于其指涉对象的性质,神话表现为一种不可证伪的话语,我们可以将它视作故事,因为它所讲述的事件的先后顺序并不遵照理性的顺序。

另一方面,将神话当作故事,就意味着它不是论述性的话语。⑥ 即便神话不遵照理性的顺序,但它仍有规律可循,它所遵照的顺序使其中的种种构成元素变得井井有条(尤其在结构方面),毫无疑问,这种顺序有力地表现了口传记忆的

---

① 柏拉图常常使用一则与神圣事物相关的谚语;请注意《法义》卷三,684e1,以及《泰阿泰德》181b1。
② 《法义》卷十一,913b8-c3。
③ 《法义》卷九,872c7-e4,865d3-66a1。
④ 关于这一点,参见第十一章。
⑤ 见附录1。
⑥ 见第十章。

特点。① 事实上,惟有利用书写,记忆才可能不依赖任何叙述性的环节,仅利用目录、表格记录下一大堆名称。②

2. 指　　涉

根据柏拉图在《智者》中的定义,可证伪的话语之中需要包含语言学之外的现实或指涉。这样一来,我们才能够验证,构成话语的语言符号是否确实与其指涉相符。如果对话语的证伪性的考察得到了肯定的结果,那么该话语就是真实的;反之,则该话语是虚假的。但是,如果话语是具备证伪性的,就意味着话语的指涉对象必须是可接近的(accessible)。在柏拉图理论的框架内,有两种指涉对象具备这样的条件:理型,以及可感事物(它可以属于现在,亦可以属于过去)。

在柏拉图看来,哲学家的话语中包含了经由理性理解而得来的理型。这些理型构成了真正的现实,它们是恒久不变的。正如理性的活动使得理解理型成为可能,话语以外在的方式将这种理性的活动表现出来,因此这种话语也具有绝对的稳定性。这些话语总是真实的,其指涉既然在时间之外,这些话语也就不为时间所迁。

另一方面,可感事物的现实性则依赖于它们对理型的分有,因此它们瞬时就被置于时间之中了。同样的,我们通过感受活动来

---

① 在 *Voyages aux îles du Grand Océan*(Paris, 1833, 1. 393)一书中, J.-A. Moerenhout 讲述了一名来自 Raïtéa 的圣歌歌手有多么熟悉波利尼西亚(Polynesian)的宇宙论:"我很快认识到,写下这些是非常困难的;因为他只不过是宣讲它们;即便这样,他的记忆还是常常背叛他。如果我用书写打断他,他就不再知晓任何事情了,他无法接着再继续下去,只能够从头再来。只有进行了一次又一次的复述之后,我才能够将这些细节书写下来。"Marcel Detienne 在 *Creation of Mythology*, 28 中引用过这段话。

② Jack Goody, "Mémoire et apprentissage dans les sociétés avec et sans écriture", *L'Homme* 1(1977): 29—52.

理解可感世界,话语对这种感受活动进行外在的表达,因此这种话语就具有变动的特点。譬如,在时刻 t 为真的事情,在时刻 t+1 就变为假的了;"正在下雨",就是一个很好的例子。与关于理型的话语不同,关于可感事物的话语总是随着时间而变。这是因为这种话语所指涉的对象就处在生成变动的世界之中。这样一来,这类话语的可证伪性就受到了一定的限制。唯有当这种话语的指涉对象是可被感受到的时候,我们才可能去辨认它是否具有证伪性。一个可以被感受到的指涉对象,相对于感受者而言,要么就属于现在,要么就属于不太遥远的过去——该个体可能亲历它,或者从某个亲历者那儿听到对它的直接经验。

而遥远的过去——关于它的全部知识都只蕴含在传统之中——以及整个未来的话语都不能算作合理的指涉,因为这些话语也不能受到证伪性的检验。

当然,柏拉图并没有将自己在《智者》中的话语囿于这些限制之中。事实上,柏拉图也提起了遥远过去发生的事情,对这件事情,他甚至只能以传统为媒介,才略知一二。毕竟,柏拉图哲学最重要的构成元素之一,就是不朽灵魂的王国,它介于理型世界与可感世界之间。[①] 这两种指涉很容易让我们想起《理想国》卷二、卷三中列出的五个等级的名称:诸神、精灵、英雄、哈德斯的居民与凡人。神话讲述了在遥远的过去,关于生活在可感世界之中的凡人的非凡事迹,传统将这份记忆保留下来。另外,诸神、精灵、英雄以及哈德斯的居民都处在理型世界与可感世界之间,属于不朽灵魂的王国;他们要么是在完全的意义上不朽,要么就是不朽者的后裔。而人类也被赋予了一部分不朽的灵魂,并在这个意义上与诸

[①] 以人类灵魂中不朽的部分作为模型,对世界灵魂的本体论的建构很好地说明了这一点。关于这个问题,参见 L. Brisson, *Le Même et l'Autre dans la structure ontologique du "Timée" de Platon*, pp. 270ff。关于柏拉图著作中灵魂与神话的关系,参见 W. Hirsch, *Platon Weg zum Mythos*, Köln, Berlin, and New York: De Gruyter, 1971。

神、精灵与英雄相类似。我们需要先交代一下灵魂进入肉体之前、离开肉体之后的命运——根据古希腊最广为接受的信念,这时的灵魂就在哈德斯之中。归根结底,神话所关涉的领域或多或少就是后世的历史或神学所占据的领域——神学在自己的变体(即历史)之中得以绵延。

这样一来,我们可以得出一个结论,从这个结论中,我们还可以推出另一个结论。第一个结论与神话话语与其指涉对象的关系有关;第二结论则与神话话语自我指涉的特点有关。神话是一种不可证伪的话语,因为它所指涉的对象既不属于实在(即不能通过理性触及),亦不属于可感世界(即不能通过感官触及);神话话语的指涉对象属于遥远的过去,无论通过直接还是间接的方式,话语的讲述者都无法经验它。

但是,这种不可触及性是如何造成的呢?某一指涉如果可由理性触及,这一方面在于说明该指涉对象是存在的,另一方面在于说明它是怎样的。而某一指涉如果不可由理性或感官触及,则意味着我们即便承认它是存在的,也无法确定它是否确实如此。总而言之,在第一种情况中,指涉对象不但是存在的,而且可以被清晰准确地定义;而在第二种情况中,即便我们必须承认指涉对象的存在,但是我们仍不能对它作出任何清晰准确的描述。

试图将关于柏拉图承认诸神、精灵、英雄以及人类灵魂中不朽部分之存在的段落一一列出,这份工作无疑是徒劳的;去寻找他针对怀疑这些事物的存在之人所提出的论证与反驳,这实际上也意义不大。在所有这些段落中,我们可以看看《法义》卷十中关于诸神、精灵、英雄的段落,以及《斐多》中证明人类灵魂中不朽部分存在的段落。对于发生在遥远过去的事情,柏拉图看似并不怀疑它们真的存在,无论是那些克洛诺斯时代的事情也好,①还是发生在

---

① 《政治家》271a5-b3。

古雅典与亚特兰蒂斯之间的那场战争也好。① 然而,即便柏拉图并不怀疑这些指涉对象的存在,但是他必须承认,无论是对于灵魂的不朽部分,还是对于绝大部分发生在过去的不凡事迹,他都无法给出确定的描述。为什么会这样呢? 答案很简单,就是因为这些指涉对想既不可由理性触及,也不可由感官触及;这也就是说,关于它们的思考并不是在理性的层面上的,我们并非在寻找诸神、精灵、英雄或人类灵魂的理型。

那么,在处理这些话题时,如何弥合描写上的空白呢? 我们只能依赖于模仿了。一旦模仿中的现实变得可由感官接近了,那么我们就可以去看看复本与原型之间究竟有几分相似,从而判断话语的模仿是否合宜。另一方面,如果我模仿的现实仍然不可由感官或理性接近,那么对于话语而言,就无所谓证伪性了。在《蒂迈欧》的开头以及《克里底亚》中,克里底亚运用了第一种话语——他一再强调自己所言非虚。② 与之相对的,在《蒂迈欧》中,蒂迈欧使用的则是第二种话语——他清楚地表明自己所说的是一个神话。③

但是,假如我们关于原型尚且没有任何确定性的描述,那谈何对其进行模仿呢? 我们真的可能以这样的事物为原型进行模仿吗? 对于这个问题,我们可以从一个非常实用性的角度进行回答,虽然这个回答会在理论的层面上制造出一些尴尬。对于那些不具备任何确定性描述的现实时,我们使用一种双重的模仿,利用另一个可由感官触及的原型(model)来代替原先的原型。而在这个过程中,我们将第二个原型的影子投射到了第一个原型中——这正是色诺芬尼(fl. 570—475)所指摘之处。我们将诸神打扮成人类的样子,又对其顶礼膜拜:"凡人认为诸神也是生出来的,认为诸神

---

① 《蒂迈欧》26c7-e5。
② 《蒂迈欧》26c7-d3,26e4-5。
③ 《蒂迈欧》26d2,59c6,68d2,69b1。

也和他们穿着一样的衣服、说着一样的话语、有着一样的躯体。"①以及:"埃塞俄比亚人说他们的神是黑皮肤、塌鼻子的,而色雷斯人则说神有着蓝眼睛、红头发。"②以及:"如果牛群、马匹和狮子也有双手,可以像人一样运用它们,那么马匹就会画出马形的神,牛会画出牛神,它们也会让神和它们拥有一样的躯体。"③

除此之外,从道德上看,诸神的行为甚至比人类更糟糕:"荷马与赫西俄德将人间一切无耻的、不光彩的事情都加于诸神,偷盗、奸淫并互相欺骗。"④柏拉图自己也认同最后这种批评。

在批判模仿在神话之中的运用时,柏拉图和色诺芬尼一样,⑤只认同神具有好的一面。诸神、精灵、英雄、哈德斯的居民或者过去的人们,他们的言行举止、音容笑貌都只是一种外在的表象,究其本质,它们与其原型始终留有间隙。尽管我们将这些想象的画面只当作表象,但它们确是我们唤起那些既不能经由理性、亦不能经由感官触及的现实的唯一途径。⑥

---

① DK 21B14. 下文对色诺芬尼的引用,均可参见 G. S. Kirk、J. E. Raven 和 M. Schofield 在 *The Presocratic Philosophers* (2d ed., Cambridge: Cambridge University Press, 1983)第 168—169 页的译文。

② DK 21B16.

③ DK 21B15.

④ DK 21B11.

⑤ 关于柏拉图与色诺芬尼的关系,可参阅以下作品:D. Babut, "Xénophane, critique des poetes", *Antiquite classique* 43(1974): 83—117; V. Guazzoni Foà, "Senofane e Parmenide in Platone", *Giornale di Metafisica* 16(1961): 467—471; R. Mondolfo, "Platon y la interpretación de Jenófanes", *Revista de la Universidad national de Córdoba* 5 (1964): 79—80; P. Steinmetz, "Xenophanesstudien", *Rheinisches Museum* 109 (1966): 13—73; 以及最近的 J. H. Lesher, *Xenophanes of Colophon, Fragments. A Text and Translation with a Commentary*, Phoenix supplementary volume 30, Toronto: University of Toronto Press, 1992.

⑥ J. P. Vernant, "Image et apparence dans la théorie platonicienne de la *mimēsis*", *Journal de psychologic normale et pathologique* 2(1975): 133—160; 再次发表时更名为"Naissance d'images", 见 *Religions, histoires, raisons*, Paris: Maspero, 1979, pp. 105—137.

最后,让我们再为这一段知识论加上一些伦理层面的讨论。任何一则神话,它所为之辩护的价值体系都表现出了变动的一面,而这是色诺芬尼与柏拉图拒绝接受的。在神话之中,善与恶都是从戏剧化的角度出发的,通过故事的讲述,它们在一系列事件中浮现而出;它们从来不是从辩证的角度出发,也不曾通过论述性话语的阐释,所以不具备由之而来的恒定的体系。

3. 可证伪性

一段话语的证伪性取决于其指涉——该指涉对象或是属于理型世界,或是属于可感世界——这样才可能经由理性或经由感官触及。对于可以证伪的话语而言,我们说它是真实的或虚假的,分别是因为该话语与自己的指涉对象相符合,或不相符合。真实的情况非常简单,而关于谎言的情况则不那么好理解。接下来,我们就以《智者》中提到的虚假陈述——"泰阿泰德飞"——作为例子。首先,我们会认为这则陈述之所以是虚假的,是因为它所指涉的事实并不存在,如下所示:

但是,如果陈述中包含的事实是不存在的,那么这就意味着这则陈述中什么也没有,因为不存在任何不存在的事实,因此这则陈述也不会有任何意义。

另一种情况中,假如一则陈述所包含的事实与它所陈述的事

实有出入,那么这则叙述也是虚假的:

虚假的叙述	"泰阿泰德飞"
指涉	|
存在的却有出入的事实:	泰阿泰德坐着

这种解释非常简短,康福德(F. M. Conford)则以更为详尽的形式进行了阐述,其中也包含了更多的讨论。①

而对于神话,这种解释就不再站得住脚了,因为这类话语的指涉对象既不能由理智触及,也不能由感官触及。所以,我们不可能确认神话话语与其指涉对象之间是否真的相符合。从中似乎可以得出结论,神话应该被放置于真实与谎言之间;但是这么说也并不准确。事实上,在下面这段来自《理想国》卷二的引文中,柏拉图清楚直接地将神话视作了虚假的话语:

苏格拉底:那么,我们的教育是否该从音乐开始,然后再教体育?

阿德曼图斯:当然如此。

苏格拉底:你将故事(*logous*)也包括在音乐中了,是这

---

① 关于这个问题,可以主要参阅 F. M. Cornford, *Plato's Theory of Knowledge*, pp. 311—317。Cornford 的阐释受到了 J. C. Schultz 的"An Anachronism in Cornford's *Plato's Theory of Knowledge*"(*Modern Schoolman* 43,1965—1966:397—406)一文的猛烈批评。关于对这个问题更具综合性的讨论,参见 W. Detel, *Platons Beschreibung des falschen Satzes im "Theaitet" und "Sophistes"*, Hypomnemata 36, Gottingen: Vandenhoeck & Ruprecht, 1972。更新的讨论可参见 L. M. de Rijk, *Plato's Sophist: A Philosophical Commentary*, Amsterdam: Norh-Holland Pub., 1986;以及 Nestor-Luis Cordero, *Platon*, *Sophiste*, Paris: Flammarion, 1993。

样吗?

阿德曼图斯:没错。

苏格拉底:而故事分为两种,一种是真的,一种是假的?

阿德曼图斯:是的。

苏格拉底:那么教育应该同时利用这两种故事,不过首先应该利用假的那种?

阿德曼图斯:我不懂你这话的意思。

苏格拉底:你难道不理解我们首先给孩子们说神话(*muthos*)吗?而神话,总体来说是假的,但是其中也有一些真东西,而我们在教孩子体育之前,先使用神话。

阿德曼图斯:是这样。①

在稍后的对话中也能找到类似的说法,并且更加明确:

阿德曼图斯:……我还不理解你所说的更大的(神话)是什么意思。

苏格拉底:就是赫西俄德、荷马和其他诗人向我们说的那些。我想他们编造出了虚假的神话,从过去直到现在,一直说与人听。

阿德曼图斯:这些神话是怎样的?你觉得它们哪里有问题?

苏格拉底:要我说,首先应受到谴责,并且尤其应受到谴责的是那些谎言,特别是那些并不美丽的谎言。

阿德曼图斯:你是指什么?

苏格拉底:当一个人在他的话语中将诸神与英雄想象得非常糟糕,就像有个画家的肖像画和他的模特一点儿也不相

---

① 《理想国》卷二,376e6-77a8。

像一样。①

而在《理想国》卷三中,这样的谴责又出现了:

苏格拉底:看来我们必须对那些想讲这种神话的人也加以监督,并要求他们别再这样不公平地描述哈德斯的生活,而是要进行赞美,因为他们现在对我们说的,既不是真实的,也不能激励那些将成为战士的人。②

最后,在《理想国》卷五中,柏拉图更是将神话话语(*muthōdesi logoi*)与一种更真实的话语(*alēthinōteroi logoi*)对立了起来。在《克拉底鲁》中,神话已经被视作一种虚假的话语:

赫谟根尼:那么,我确信克拉底鲁说得没错,我不是赫尔墨斯(Hermes)真正的孩子,因为我并不擅于言辞。
苏格拉底:我的朋友,潘(Pan)作为赫尔墨斯的双形之子也是有原因的。
赫谟根尼:你怎么会这样想?
苏格拉底:你是否意识到,话语(*logos*)意味着一切(*pan*),它(前者)常把它们(后者)变来变去,并且它拥有真实与虚假两种形式?
赫谟根尼:确实如此。
苏格拉底:那么,在他(潘神)身上,难道不是既有精致且令人敬畏的形式,其中寓居着诸神;也有一种形式,其中则寓居着下界人类的谎言,它就像悲剧中的羊人(*trakhu kai*

---

① 《理想国》卷二,377d2—e3。
② 《理想国》卷三,386b8—c1。

tragikon)一般粗糙,因为民间传说与谎言总是借用悲剧与山羊,而悲剧正是它们自己的地位?

赫谟根尼:一点儿没错。

苏格拉底:那么,我们就可以确定,潘是一切(*pan*)的宣言者,也是一切的永恒推动者(*aei polōn*),我们对他的称呼(*aipolos*)[牧羊者]一点儿没错,他正是赫尔墨斯双形的儿子,他上半部分精细,但下半部分粗糙,宛若一只雄山羊(*tragoeidēs*)。另外,作为赫尔墨斯的儿子,他是话语,或者说,话语的兄弟,而哥哥与弟弟有所相似并不是什么令人惊奇的事情。①

为了理解苏格拉底这段艰涩的阐释,我们必须得回到它的语境中去。② 在对话中,由于总是作为传递话语(*logos*)的中间人,赫尔墨斯刚刚被定义为思想的翻译者。从这个角度看来,赫尔墨斯之子,潘,要么就是话语(*logos*)本身,要么就是话语的兄弟。苏格拉底先前使得潘与话语之间形成了一种对照,现在,他将这种对照继续深入下去。潘具有双重性:他身体的上部分像人,有着光滑的肌

---

① 《克拉底鲁》408b6-d4。

② 关于这段异常难懂的对话,我只提出两点意见。赫谟根尼提到克拉底鲁说过的话:"那么,我确信克拉底鲁说得没错,我不是赫尔墨斯真正的孩子,因为我并不擅于言辞",克拉底鲁在对话开始时(383c)就说过此话,在对话384c处,苏格拉底对这则表述进行了澄清,在407c以及此处,对话又重新提起这个话题。这个隐喻晦暗不明,但是它的意思此时则是很清晰的。事实上,"赫谟根尼(Hermogenes)"这个名字,从词源上看,就是"赫尔墨斯一族"的意思。赫尔墨斯既然是以话语为中介,传达思想的信使,那么"赫尔墨斯一族"的人,就理应熟练运用各种话语技巧。这段话的后半部分,则始终围绕着一族词汇:*trakuh*"竖立的",*tragos*"公羊",*tragōidia*"羊人剧";羊人剧是一种宗教歌曲,常在酒神节演唱,演唱时还伴有公羊献祭,悲剧就源自于此——"悲剧"*tragikos*,"山羊的,悲剧的"*tragoeidēs*,以及"形同山羊"*tragoeidēs*。总而言之,这段话建基于 *tragōidia* 一词的词源之上。关于这个问题更普遍的讨论,参见 Timothy M. S. Baxter, *The Cratylus: Plato's Critique of Naming*, Philosophia antiqua 58, Leiden: Brill, 1992。

肤；而下半部分则如同公羊(*tragoeidēs*)，皮肤上长满了鬃毛。因此，苏格拉底将潘上半部分的身体比作真实的话语，它属于诸神(以及一小部分人，即哲学家)；①又将潘的下半部分身体比作虚假的话语，它是绝大部分凡人的命运。通过一个文字游戏，潘的下部分形同公羊的身体，与虚假的话语相联系，而公羊又与悲剧(*tragikon*)相联系；神话常常以悲剧的形式展现，这样一来，苏格拉底就将神话归为虚假的话语。如果我们将其与上文提到的《理想国》中对悲剧的批判联系起来，这段阐释可能会更加顺理成章一些。

虽然在第一段对话②的末尾，苏格拉底承认神话中也包含着一些真实；但是总体而言，在这四段对话中，神话都被直接视作了虚假的话语。

同样的，在《斐德若》中，苏格拉底也意识到，在神话赞诗(*muthi humnos*)③中存在着交织了真实与谎言的说服性力量。这首赞诗由两段关于爱欲的话语组成，苏格拉底摹仿吕西阿斯(Lysias)的口吻，将其演绎出来。事实上，关于神话的真实性，苏格拉底的探索其实还要更深入。在《高尔吉亚》的末尾，苏格拉底正与卡里克勒斯(Callicles)争论正义的本质，他讲述了一个关于死后灵魂去处的神话。在讲述这则神话之前，苏格拉底如是对卡里克勒斯说：

> 苏格拉底：竖起耳朵，如他们所说，听听这段美的话语，我想你们会将其视作神话(*muthon*)，而我却视之为现实的真实[可证伪的话语](*logos*)。对于我将要说与你听的，我将像讲述现实的真实一样。④

---

① Cf.《蒂迈欧》51e5-6。
② Cf.《理想国》卷二，337a4-6。
③ 《斐德若》265c1。
④ 《高尔吉亚》523a1-3。

在讲完神话之后,苏格拉底又说了下面一段话以作澄清,它在一定程度上减轻了以上这段话的影响:

> 苏格拉底:或许,现在,这一切在你看来就像老妇人讲的神话,你对此不屑一顾,如果我们能够在其他任何地方发现比它更好、更真实的讲述,那么对它不屑也没什么好奇怪的。①

至少,在后面的这两段对话中,神话总体上被视作是真实的话语。

但是,既然神话作为一种不可证伪的话语,既无真实,也无虚假,那么它是如何在这些对话的片段中,此时表现为真实的话语,彼时又表现为虚假的话语的呢?

要解释这一点,我们必须转换一下角度。其中,真实与虚假不再取决于话语是否与其指涉相符,而是在于该话语——在目前的例子中,也就是神话——与另一种被提升为规范的话语是否相一致。后一种话语也就是哲学家的话语(当然,更准确地说,是柏拉图本人的话语),它或包含着理型世界,或包含着可感世界。在这里,认识论让步于一种审查机制。

在《理想国》中,苏格拉底说到,唯有哲学家可以作为城邦的建立者、管理城邦的人,他们必将对诗人采取一些措施:

> 苏格拉底:阿德曼图斯,现在,你和我,我们都不是诗人,而是城邦的建立者。对城邦建立者而言,我们最好要知道诗人都是遵照着怎样的模子(*tupous*)讲述神话(*muthologein*)的,如果他们作诗的时候违背了这个模型,那就一定要禁止它,而不是我们建立者自己来创作神话。②

---

① 《高尔吉亚》527a5-8。
② 《理想国》卷三,378e7-79a4。

第九章 对立:神话/可证伪的话语

在这里,*Tupos* 被翻译为"模子",因为在铸造工艺中,这个词指的是 *forma impressa*,或者说空心的模具,在《泰阿泰德》①中,柏拉图将它与 *apotupōma, imago expressa* 区分开来,即浮雕(l'empreinte en relief)。② 换言之,城邦的建立者向诗人提供一个模具,后者必须按照模具来进行雕刻,剥离了可感事物的"腊层"之后,他们的作品,神话,就脱然而出了。这些模具(*tupoi*)也就是法律(*nomoi*),③柏拉图为我们提供了一些例子:(1)神是善的,因此只能是好的事物的原因;④(2)神是完美的,因此他既不会真的发生任何改变,也不会自己变成其他的样子。⑤ 很明显,这些模具都直接源自于对"神的理型"的分析。⑥

既然神话中所有的主体都分有了理型,那么神话的真实或虚假就应取决于它是否与哲学家关于理型的话语相一致。除此之外,神话的真假还与该话语是否提出了宇宙论的解释模型有关。下面我们将给出柏拉图对话中出现的两个例子,第一个例子是来自《政治家》⑦的一系列神话,而第二个例子则是《蒂迈欧》中⑧关于法厄同(Phaéton)的神话。

《政治家》中有三个不同的神话:(1)关于阿特柔斯(Atrée)与堤厄斯忒斯(Thyeste)的神话,(2)关于克洛诺斯时期的神话,以及

---

① 《泰阿泰德》194b5。
② A. Diès 在其译本《泰阿泰德》(Paris: Les Belles Lettres, 1926)第 236 页的一个注释中,给出了这种阐释。亦可参阅 Georges Roux, "Le sens de TUPOS", *Revue des études anciennes* 63(1961):5—14。
③ 《理想国》卷二,380c7, 387c7。关于这一点,参阅 V. Goldschidt, "Theologia" [1949], *Questions platonniciennes*, Paris: Vrin, 1970, pp. 145—148。
④ 《理想国》卷二,379b1。
⑤ 《理想国》卷二,381b4。
⑥ 关于这些文段,学界有一场富有活力的辩论。关于辩论的内容,参见 G. Naddaf, "Plato's Theologia Revisited", *Méthexis* 9(1996):5—18。
⑦ 《政治家》269b sq。
⑧ 《蒂迈欧》22c-d。

(3)关于"土生民"的神话,这三个神话看起来都源自同一个现象:

> 异乡人:所有这些事件都源自于宇宙历史上的同一件大事,还有许多比它们更骇人惊闻的事情也源自于它。但是,因为这件事情发生的年代实在太久远了,所以很多已经在人们的记忆中渐渐褪色;还有一些幸存了下来,但是它们变得分崩离析,而且人们讲述它们的方式遮盖了这些事件之间本来的联系。没有人再说这件促生了一系列事件的历史上的大事;而我们现在所要说的,正是这件事。
>
> 小苏格拉底:太棒了,先生。请继续说,不要落下任何东西。①

舒尔(P.-M. Schuhl)通过一个机械论模型对这一宇宙大事件进行了较有力的阐发。② 与此同时,在《蒂迈欧》中,向梭伦讲述故事的埃及祭司还以下面这种方式提到了法厄同的神话:

> 梭伦(正在复述埃及祭司的话):有一个故事被你们保存了下来,有一回,赫利俄斯(Helios)之子,法厄同驾着他父亲的马车,因为不能够按照其父平日的航线行进,他把地上的一切都烧光殆尽,他自己也被一记响雷打死。现在,这件事被编成了一则神话,但它事实上说明,天上围绕地球转动的星体曾发生过偏移,还说明每隔一段很长的时间,大地之上就会发生大火灾。③

---

① 《政治家》269b5-c3。

② P.-M. Schuhl 的"Autour du fuseau d'Anankè"([1930], *La Fabulation platonicienne*, 2d ed., Paris: Vrin, 1968, pp. 71—78)一文很好地解释了这个问题。

③ 《蒂迈欧》22c3-d3。

就这样,通过偏移说的天文学理论,法厄同神话的真相遭到了拒斥。

无论是法厄同的神话,还是《政治家》中的神话,都拥有相同的步调。这些神话的真实与虚假都取决于它们与另一种话语——也即一种以宇宙论为模型的话语——的相符程度;虽然这种宇宙论话语本身也与神话十分类似。①

---

① 见第十三章。

第十章　神话与论述性话语之对立

　　Muthos/logos 的对立不仅可以被阐释为不可证伪的话语/可证伪的话语之对立（如上一章所述），它们之间还存在另一种对立关系——叙述性的话语（简单说来，即故事）/论述性的话语。第一种对立关系建立在话语与其指涉对象的关系之上，这是一种外在的标准；而第二种对立则建立在一个内在的标准之上：话语展开的方式。唯有在哲学的语境中，第二种对立才是可能的，因为历史与神话在某种程度上都属于故事。

　　"故事"通常讲述一些事件，宛如它们都真的曾发生过，但是并不对它们进行任何阐释。因此，故事中各个部分之间的联系往往是偶然的；在普洛普（Propp）之后，的确有过不少试图用逻辑覆盖故事的尝试，但是即便在这种尝试之后，故事各部分之联系仍然是流于表面的。故事唯一的目标就在于，通过故事的创作者或故事的讲述者，在故事中的英雄与故事的听众之间营造一种情感上的融合。与之相对的，论述性的话语则遵照一种理性的秩序——遑论我们如何定义"理性"，其中各部分都按照逻辑的规则建构起来，其目的只在于得出必然的结论，而这种话语的施动者则致力于寻求他人理性对其结论的认可。

　　《政治家》中的一番建构很好地描摹了神话与论述性话语之间

的对立,这篇对话的目的是要找出政治家的定义。一位来自爱利亚的异乡人是这篇对话的主要对话者,这位异乡人展现出了明显的哲学倾向,似乎对柏拉图影响颇深。① 为了得到关于政治家的定义,爱利亚的异乡人运用了论述性的话语,他选择了一种特属于辩证法的方式:划分法。据《政治家》262a-64b 中的介绍,划分法的规则就是将每一个理型都划分为两个部分,然后从中挑选一个部分继续进行下一次划分,如此循环往复,最终或许就可以找到"政治家"的所有构成元素。在对话当中,政治家一度被定义为"公民的牧羊人",爱利亚的异乡人却否定了这个定义。他转而诉诸神话,并在讲述完神话之后解释说,"公民牧羊人"这个定义只适合非常遥远的过去,与现状并不相符合。② 但是,在后文中,通过与绘画进行对比③——这段对比极具启发性——异乡人又重提起这个定义,并对它进行了进一步的展开与讨论。在讲述神话之前,异乡人说道:

> 异乡人:我们必须另寻一个起点从头来过,沿着另一条道路前行。
> 小苏格拉底:一条什么样的道路呢?
> 异乡人:我们得说些令人愉悦的故事,稍事休息。有许许多多古老的神话,现在,我们要用它们中很大一部分来实现我们的目的;在那之后,我们再像先前一样,继续进行划分,并选择其中的一个部分,直到抵达我们攀登的高峰,以及我们旅途的重点。我们开始吧?
> 小苏格拉底:当然可以。

---

① 关于柏拉图与爱利亚的关系,参见 G. Prauss, *Platon und der logische Eleatismus*, Berlin: De Gruyter, 1966。
② 《政治家》74e1-4。
③ 《政治家》77a3-c6。

>异乡人:那么,来吧,就像小孩子一样,认真听听我的神话。毕竟,你离听故事的年纪也不算太远。①

《政治家》这段对神话的表述与《普罗泰格拉》中的一段有着惊人的相似。

事实上,普罗泰格拉在向苏格拉底讲述神话之前,如是说道:

>苏格拉底:……如果你能够明明白白地向我们证明,美德是可教的东西,那么请不要把你的智慧珍藏起来,向我们证明(*epidexon*)吧。
>
>普罗泰戈拉:我不是一个吝啬鬼,苏格拉底。但是,现在,你是希望我像老人给年轻人讲神话时那样把这道理解释清楚,还是希望我用论证的语言将其展示出来呢?
>
>(许多听众都回答说,让他以自己喜欢的方式讲述)
>
>普罗泰戈拉:好吧,我想给你讲个神话更令人愉悦。②

这段对话的哲学背景与《政治家》中的完全不同。

普罗泰格拉完全不曾提到理型的世界。原因很简单,普罗泰格拉是智者中的一员,《蒂迈欧》中谈到他的时候如是说:"似乎对某些人而言,真实的意见与理型无异。"③另外,《泰阿泰德》中也曾针对普罗泰格拉提出过一番这样的批评。

在以他为名的对话中,普罗泰格拉——柏拉图最尊敬的一个智者——讲述了一个神话,④之后,他又展开了一段论述性的话语,⑤

---

① 《政治家》268d5-e6。
② 《普罗泰格拉》320b8-c7。
③ 《蒂迈欧》51d5-6。
④ 《普罗泰格拉》320c-24d。
⑤ 《普罗泰格拉》324d-28d。

无非是希望通过不同的路径对同一个话题进行更详尽的解释：美德是可教的，并且这是智者们最为擅长的教学。在这段分为两阶段的论述中，共有三个重要的时刻，普罗泰格拉回到了神话/论述性话语的对立，它们分别在神话的开头、①神话的结尾，②以及论述部分的结尾。③

普罗泰格拉所说的神话发生在非常遥远的过去，其主题是关于有朽之物的出现，它讲述了诸神是如何将不同的品质分配给野兽与人的。④ 而之后的论述性话语则描述了希腊在公元前五至前四世纪的一些社会与政治实践，普罗泰格拉将其限定在人类行为的范围内，试图对其进行说明。纵观普罗泰格拉的讲话，无论在神话部分中，还是在论述的过程中，我们都无法摆脱可感世界；虽然说这两部分讲话的对象其实都具有证伪性——神话讲述的事件是传统的对象，而论述所述的事实也可经由感官感知。

在《斐多》的开头，苏格拉底也提到了类似的、神话与论述性语言的对立：

> 苏格拉底：当我写完了我的赞诗，我想起，一位诗人要是配得起他的名字，就应当创作神话，而不是论证（*ennoēsas hoti ton poiētēn deoi, ei per melloi poiētēs einai, poiein muthous all'ou logous*），而我并不长于讲神话（*kai autos ouk ē muthologikos*），所以我运用了手边的、我所知悉的一些神话（*muthous*），也就是伊索的神话，然后将其中的第一篇改编成了诗歌。⑤

---

① 《普罗泰格拉》320c2-4。
② 《普罗泰格拉》324d6-7。
③ 《普罗泰格拉》328c3-4。
④ 关于普罗泰戈拉的神话，参见 Luc Brisson, "Le Mythe de Protagoras: Essai d'analyse structural", *Quaderni Urbinati di Cultura classica* 20(1975): 7—37。
⑤ 《斐多》61b3-7。

该段对话以非常简短的方式阐释了这种对立,我们或许需要对它进一步澄清。神话与论述性的话语看起来都源自于话语领域的创制。既然诗人是神话的创制者,那么哲学家就必然是论述性话语的创制者了。对哲学家而言,神话的创制仿若一种消遣娱乐。

在《斐多》中,柏拉图描绘了苏格拉底生前最后的时光,他试图将他老师的死描绘得高尚而勇敢。苏格拉底为我们讲述了一则神话,其中说到人类的灵魂是不朽的、不可摧毁的,人类的记忆与个体性也都寓居于此。这则神话还告诉我们,当灵魂与肉体分离之后,灵魂还依然存在着,如果它的主人在生前按照理性活动行事与生活,那么这个灵魂在死后也将享有特权。① 苏格拉底试图通过演绎法来证明灵魂的不朽与不灭;他所用的方法也即是 $logos$:反向论证②、回忆论证、③相似论证,④紧接着又是一个反向论证。⑤ 但是,这种演绎的方法很快就触碰到了它的局限。苏格拉底的两个毕达哥拉斯学派的对话者,甚至开始质疑这段演绎的起始点,被苏格拉底视作不证自明的公理之合理性受到了挑战:西米阿斯质疑了七弦琴的意象,⑥而克贝则质疑了编织者。⑦ 由于苏格拉底所剩的时间实在不多了,他无暇去质疑这些意象的合理性,他鼓励他的弟子们去继续这个任务,自己则继续讲述剩下的神话,⑧然后饮下了毒芹汁。通过这个举动,苏格拉底证明了自己已被这个神话说服,它让他确信灵魂的不朽不灭,虽然他的

---

① 《斐多》81b-d。
② 《斐多》70c-72e。
③ 《斐多》72e-77a。
④ 《斐多》78b-84b。
⑤ 《斐多》102a-107a。
⑥ 《斐多》85b-86e。
⑦ 《斐多》86e-88b。
⑧ 《斐多》107d-15a。

演绎推理还有待证明。另外,在讲述的过程中,苏格拉底有提到神话的作用。① 事实上,对柏拉图而言,神话的用处既不在于它具有真实的价值,也不在于它有论证的力量,而是在于它在伦理与政治层面的作用。关于这种用处,还有待我们进一步检验。

---

① 《斐多》110b1-4。

第十一章　神话的功用

对柏拉图这样的哲学家而言，神话有两个不足之处：其一，它是不具有可证伪性的话语，常常可以与虚假的话语等同；其二，它是故事，各个部分之间只有偶然的联系，它不同于论述性的话语，后者的内部联系表现出必然性。不过，神话同时还具有可以抵消其不足的两个优势，它们让神话具有真正的效用；柏拉图用了诸如 *ōphelimos*, *lusitelēs*, *khrēsimos*, *kalos* 等一系列形容词来评价神话，神话的优势也在其中彰显。那么，这些优势究竟是什么呢？

虽说神话是不具有可证伪性的话语，但是对于集体中所有成员共同分享的那些基本知识，神话又是其交流的手段。交流，确保了这种知识能一代一代地传递下去。另外，虽然神话不同于论证性话语，其中并不包含必然性，但它既然是故事，那么便天然地可作为改变人类灵魂中较低部分言行举止的手段。神话中的行为具有超凡脱俗的一面，它起到如同魔法或咒语般的效果，而就其最一般的效果而言，它也会与寻常意义上的说服发挥一样的效用。神话中包含了两种约束力量——伦理方面，它对个人有所约束；在政治方面，它则对集体有所约束——无论这些规则或法律的具体内容是什么，这种约束的目的不外乎确保我们的行为符合规则与法律。物理上的约束尚可通过作用于肉体的强力来实现，而道德上的约束则需借助作用于灵魂的说服。柏拉图虽也不拒斥物理上的约束,但是他更倾向于道德上的约束。因此,只要情况允许,柏拉图往往都诉诸于说服,而非强力。而神话作为一种说服手段,在既定的集体之中,它是普遍的,因此对于它的听众而言具有格外的有效性。这样一来,神话之于普罗大众,正如理型之于哲学家。在各色场合中,当我们需要决定自己如何行事时,神话便可作为供参考的模型。因此,无论在伦理中,还是在政治中,神话都可以作为哲学话语的替代品。《斐多》中的文段为我们提供了神话作用于伦理层面的例子:

> 苏格拉底:当然,一个有理性(nous)的人也不会认为我所说的与事实分毫不差。但是,关于我们的灵魂以及灵魂死后的居所这一方面,这些话已经接近于真实了——因为我们有明确的证据,证明灵魂不朽——我想这既是一个合理的观点,同时也是一个值得冒险的信念,毕竟这种冒险是高尚的(kalos gar ho kindunos)。而当我们使用这种解释时,我们自己也应该好像被施了魔法(hōsper epaidein heautōi),这就是我为什么要花如此长的时间来讲述这个神话的原因。①

正如苏格拉底所言,他刚刚讲述的神话②并不诉诸于理性(nous),关于不朽性的问题,它采取了一种完全不同的路径,这种路径也就是合理性证明(la preuve rationnelle)。③ 这个故事讲到灵魂的性质,以及人死后的命运,这固然会引起一些怀疑,但这些怀疑之所以会产生,不过是因为这段对话是不可证伪的。无论如何,苏格拉

---

① 《斐多》114d1-7。
② 《斐多》107d-14。
③ 《斐多》102a-107b。

底坚持将这个神话说完,因为他视之为一则尤其有用的咒语。通过说服,神话将我们从对死亡的恐惧中解放出来;① 除此之外,这则神话还提醒了我们,灵魂理性的部分相较于欲望的部分具有优先性——唯有前者是不朽的。② 这样看来,萨尔维亚(J. Salviat)对"高贵的危险"(kalos gar ho kindunos)的解释倒颇有可取之处。③ 他认为,我们不应该在美学的层面上理解 kalos,而应在价值评价的层面上理解它,取"有优势的"之意。

我们很容易就可以从伦理的领域来到政治领域,因为究其根本而言,集体行为受到个体行为的制约。这就是为什么在讨论战士的勇敢时,苏格拉底又重新讨论了死后灵魂之命运:

> 苏格拉底:看来我们,必须对那些想讲这种神话的人也加以监督,并要求他们别再这样不公平地描述哈德斯的生活,而是要进行赞美,因为他们现在对我们说的,既不是真实的,对那些将成为战士的人也毫无用处(oute alēhē oute ōphelima)。④

这则神话同时表现出了在伦理层面与政治层面的有用性。但我们应注意,在政治层面上,神话的有用性与它是真实的抑或是虚假的并无关系:

> 苏格拉底:而我们刚刚说的,对于这些神话的讲述(en... tais muthologias),因为我们对古时候的事情一无所知,或许

---

① 《斐多》77d—78a。
② 《斐多》114d—15a。
③ J. Salviat, "*Kalos gar hokindunos*, risque et mythe dans le *Phédon*", Revue des études grecques 78(1965): 23—39.
④ 《理想国》卷三,389b7—9。

第十一章 神话的功用

我们将它说得似真似假,但是它对我们来说还不是有用的(*khrēsimon*)吗?①

无论是在城邦内的政治中,还是在外邦的政治中,这种利用谎言的现象都频频出现,在《理想国》卷三中,我们可以找到对它的辩护:"如果是为了城邦的利益(*ep'ōpheleiai*),城邦的治理者可以适当地对公民或敌人说谎;而其他的人则不能做这种事情。"②在下面的选段中,苏格拉底对"高尚的谎言"进行了阐释——所谓高尚的谎言,就是指土生民的神话③及三个公民等级的神话④——它的目的一方面在于解释《理想国》中理想城邦的公民的分别,另一方面则在于为城邦的统一进行辩护:

> 苏格拉底:那么,我们该如何设法编造一个我们刚刚说的那种合宜的谎言,⑤如果可能的话,就用这个高尚的谎言去说服那些统治者本身,如果不行的话,就去说服城邦中其他人?
> 格劳孔:你说的是哪一种谎言?
> 苏格拉底:没什么新奇的,不过是一种腓尼基式的传说,在很久很久以前,世界上曾发生一些事情,如诗人们劝诱人们相信的一样,但是在我们的时代,这些事情并未发生,甚至也不太可能会发生,所以也没必要去进行说服,使它可信。⑥

---

① 《理想国》卷三,382c10-d3。
② 《理想国》卷三,389b7-9。
③ 《理想国》卷三,414d-e。
④ 《理想国》卷三,415a-d。
⑤ 《理想国》卷三,414d-e。
⑥ 《理想国》卷三,414b8-c7。

在《法义》卷二中,在相同的语境下,似乎又出现了对土生民神话的暗示,并且它们仍然扮演着同样的角色:

> 雅典人:我们目前的论证已经表明了——即便并非如此——如果一个具有节制美德(*ophelos*)的立法者,为了给年轻人施加好的影响(*ep'agathōi*),而大胆利用谎言,他还能想出比这个谎言更有用(*lusitelesteron*)、不利用强力(*mē biai all'hekontas*),而更能引导我们实践正义的谎言吗?
>
> 克里尼亚:这看起来似乎是真理,先生,它看起来很美,又牢不可破,但是让人们信服真理却不是件易事情。
>
> 雅典人:那么,你觉得关于西顿人的那则神话(*muthologēma*)怎么样——能否轻易地说服别人呢?我们有许多这样的神话。①

在这两个选段中,土生民神话都与卡德摩斯(Cadmos)建立底比斯联系了起来,它们分别用"一个腓尼基人"(*Phoinikikon ti*)与"从西顿而来的人"(*tou Sidōniou*)对其进行影射。根据这个神话的某些版本,卡德摩斯听从了德尔斐的口谕,放弃寻找妹妹欧罗巴(Europe),他跟随着一头母牛的指引,来到了未来建立底比斯的地方。他决定向雅典娜献祭,于是遣人去附近的泉眼中取水,但是看管泉眼的毒蛇将前去取水的人杀光殆尽。雅典娜便向卡德摩斯现身,并命他将毒蛇的牙齿埋在土里。卡德摩斯照做了,刹那之间,一群全副武装的战士破土而出,他们就是斯巴托依人(les Spartes)。这些人看起来形貌可憎、极为危险,卡德摩斯决心要摆脱他们,便向其投掷石块。斯巴托依人不知道是谁在攻击自己,互相残杀起来。小小的争纷很快变成一场屠杀,最后只有五人存活

---

① 《法义》卷二,663d3-e6。

了下来：厄喀翁（Échion），许珀瑞诺耳（Hyperénor），克托尼俄斯（Chtonios），珀罗洛斯（Péloros）与乌代俄斯（Oudaeos）。这五人与卡德摩斯共同建起了底比斯。

使用这个神话，无疑就是在传递一次虚假的话语，因为土生民与我们常识的人类繁衍方式是不同的，或者说，它至少也与这个时代的事理规律相悖。但是，曾有一个时代，在那时，一切都不一样。在《政治家》中，爱利亚的异乡人称他们是"大地之子的一族"，他们属于克洛诺斯的时代，①因此异乡人拒绝对他们的存在提出任何质疑。这则神话即便看起来像虚假的话语，但是毋庸置疑，它是有用的。它可以被用来说服②公民，让公民相信他们都是彼此的兄弟姐妹，而他们的首要职责就是保护共同的母亲，也就是将他们生育而出的、他们赖以生存的土地。

因此，柏拉图毫不犹豫地采用了这则神话，他虽然在别处也曾指出，对现下的时代而言，这个神话中包含着谎言；但是，这个神话家喻户晓，这就是它的优势。柏拉图这么做的原因在于，城邦公民的行为举止——无论是《理想国》中的城邦公民，还是《法义》中描绘的公民——都应该合乎一种公共生活的要求，而其中最重要的要求正是，他们应当守护自己的土地。除此之外，在《法义》卷四的开头，我们还会发现一种全新的对神话的用法，它取代了先前我们所说的那种普遍一般的用法：在这里，神话被用作法律的序言。

在《法义》卷四中，柏拉图将立法者分别与诗人及医生相比照，讨论了立法者的实践。③ 与诗人不同，立法者的话语不能自相矛盾。换言之，关于同一个主题，立法者只能使用一种话语；而诗人

---

① 《政治家》271a5-b3。
② 《理想国》卷三，414c1, c5-6, c7；《法义》卷二，63e4, 46。
③ 《法义》卷四，719b-c。

却往往不假思索地使用几种矛盾的话语来形容同一个主题——柏拉图在这里又一次提醒我们为什么立法者要限制诗人的创作。①然而,尽管立法者只能使用一种语言,但这并不意味着这种语言就是单一的。在这一方面,柏拉图提到了两种行为处事迥然不同的医生。② 第一种医生,他不向病人解释其所罹患的病症,而是简单粗暴地开出处方,然后就为下一个病人问诊。而第二种医生,他先会详细地咨询病人及其亲友,然后花一些时间向病人解释自己的诊断诫命。和医生一样,立法者的话语既可以是单一的,也可以是复合的。单一的话语简短明了,因为它只包含了两种元素:法律的诫命,以及不遵守法律的人将要招致的处罚。而复合的话语则至少有单一话语两倍那么长,因为它在给出诫命之前,先要进行一段序言(proomion)以作准备。序言配合着不遵法之人将要受到的暴力处罚,主要进行说服,好确保人们开始服从法律。简而言之,为了让法律受到尊重,立法者有两种途径可供使用:其一是说服,它往往以序言的形式展开;其二则是暴力,若有人不遵守法律,就会受到处罚。但是,柏拉图始终倾向于依靠说服而非强力镇压,因为后者常常遭遇失败,它本身就缺失对法律的尊重。

对柏拉图而言,序言首先是一种劝诫(paramuthia)。③ 通过双关,柏拉图将劝诫(paramuthia 或 paramuthion)与"预告

---

① 《法义》卷四,719b-c。

② 关于两种不同类型的医生,学界有着一场持续的争论。关于这个话题,参见 F. Kudlien, *Die Sklaven in der griechischen Medizin der klassischen und hellenistischen Zeit* (Wiesbaden: F. Steiner, 1968), chap. 3; R. Joly, "Esclaves et médecins dans la Grèce antique", *Sudhoffs Archiv für Geschichte der Medizin und der Naturwissenschaften* 53(1969):1—14; J. Jouanna, "Le Médecin, modèle du législateur dans les *Lois* de Platon", *Ktema* 3(1978): 77—92。

③ *Paramuthia*:《法义》卷四, 720a 1; *paramuthion*:《法义》卷六, 773e5, 卷九, 880a7, 卷十, 885b5, 卷十一, 923c2。

法律的神话"(ho pro tou nomou muthos)联系起来。① 在《法义》中,muthos 后十四次的出现②都是在加固这种对比。③ 其中有九次,这个词语指涉古希腊的传统神话,而另外五次,它所指涉的则或许不能称作神话,而是某些与这些神话有确切关系的话语。

归根结底,柏拉图对神话的十四次不寻常的用法也是从上文我们讨论过神话的普遍用法中而来的。为了说服公民,让他们遵守各种各样的法律,立法者讲述起了神话,神话使得法律所要求的行为变得具体而生动。譬如,有一则法律要求女孩进行和男孩一样的体育锻炼,在讲到这则法律时,雅典的异乡人也提到了一个古老的神话(muthous palaious)④——这些神话或许与亚马孙有关——以此来支撑这项规定。通过这样一个家喻户晓的例子,异乡人得以说服大众,让他们更心悦诚服地接受这则与古希腊现有习俗相悖的法律。⑤

即便神话是不具可证伪性的、非论述性的话语,但是它传播了由集体中所有成员所共享的基本的知识,在这个意义上,它具有无比的有效性。因此,在集体之中,神话可以充当具有普遍影响力的说服手段。神话作为暴力唯一一种替代手段,它确保了在人类灵魂之中,理智部分能够统治有朽的部分;也确保了在城邦之中,绝大部分人能够服从哲学家的处方,也即是城邦立法者与建立者的安排。在这两种情况中,神话都可以作为一个范例,它无需借助于

---

① 《法义》卷十一,927c7-8。
② 关于这个问题,参见 Her wig Görgemanns, *Beiträge zur Interpretation von Platon* "Nomoi", Zetemata, Heft 25 (Munich: Beck, 1960), 30—71, esp. 59, n. 3; Silvia Gastaldi, "Legge e retorica: I proemi delle *Leggi* di Platone", *Quaderni di Storia* 10 (1984): 69—109。
③ 见附录 4。
④ 《法义》卷十二,804e4。
⑤ Cf.《法义》卷十二,804e;《理想国》卷五,451c sq。

教育，而是直接诉诸于对那些不是哲学家的人进行说服——也即是对绝大多数人进行说服——它引导他们接纳自己，然后再悄然地改变他们的行为举止。

第十二章　对寓意解读的反驳

在柏拉图看来，神话的有用性并不体现在任何寓意解读中。《理想国》卷二针对这种解读方式，提出了如下反驳：

苏格拉底：至于赫拉被其子绑缚、赫淮斯托斯为救母而被其父扔下天堂，以及荷马所有描写诸神之间争斗的诗句，我们决不允许它们进入我们的城邦，无论它们是讽寓式的说法，抑或不是（out'en huponoiais oute aneu huponoiōn）。对于年轻人，他们无法分辨出什么是寓言，什么不是（hoti te huponoia kai homē），在那个年纪，无论是什么样的意见，都被他们记在脑袋里，并从此变得难以磨灭、不可移易。① 正是因为这个原因，我们应该尽全力保证，他们所听见的第一则神话会给他们的耳朵带来关于美德的最公正的教诲（hoti kallista memuthologēmena aretēn akouein）。②

在这个段落中，hupononia 一词出现了三次，这在柏拉图的其他作

---

① Cf.《蒂迈欧》26b2-c3。
② 《理想国》卷二，378d3-e3。

品中是从未有过的事。

尽管柏拉图很少使用这个词语,但是这个词语仍然非常有意思。正如丕平(J. Pépin)所指出的①,*huponoia* 的部分含义经由后来的 *allēgoria* 表达了出来。② 从词源上看,*huponoia* 是与动词 *huponoiōn* 相对照的一个实词。而 *huponoiōn*(字面上的意思是"看或思考表面之下")就是指从话语明显(表层)的意思中分辨出其隐藏(深层)的含义。在柏拉图的所有作品中,只有两处相关的例子,但它们很好地澄清了 *huponoiōn* 的这种用法。第一个例子在《高尔吉亚》中:

> 苏格拉底:高尔吉亚,我也对你所说的、具有这种职能的说服感到很怀疑(*hupōpteuon*);虽然答案看起来已经很清楚了,但如果我待会儿还向你问出类似的问题,希望你不要惊奇。我或许还会重申这一点——如我已说过的,因为我此时向你提问并不是出于你的原因,而是为了让讨论能更顺利地进行,这样我们就不会对彼此的观点产生猜疑(*huponoountes*)或臆测的习惯,而你也可以按照你最初的计划,随你高兴地完善自己的陈述。③

值得注意的是,苏格拉底在这里说到怀疑时,他不仅仅用了 *hupo*-

---

① J. Pépin, *Mythe et alégorie: Les origines les grecques et contestations judéo-chrétiennes*, 2d ed. (Paris: Études augustiniennes, 1976), esp. 85—92. 关于柏拉图对寓言的看法,参见 J. Tate, "Plato and Allegorical Interpretation", *Classical Quarterly* 23 (1929): 142—154; Mauro Tulli, "Il giudizio di Platone sull'esegesi allegorica", in *Ricerche di Filologica classica III: Interpretazioni antiche e moderne di testi greci*, Pisa: Biblioteca di Studi Antici 53, 1987, pp. 45—52。

② 除此之外,普鲁塔克(Plutarch)在 *De audiendis poetis* 4.19e 中,也在两个词语之间构建了明确清楚的联系。

③ 《高尔吉亚》454b8-c5。

第十二章 对寓意解读的反驳

noein 这个词,同时还用了 hupoteuein(看表面之下)。

另一个关于 huponoein 的例子出现在《法义》卷三中。对话正说到从远古时期的大灾难中幸存下来的人,并不熟悉城市的生活,雅典的异乡人如是总结道:

> 雅典人:因此,他们是好人,一部分是因为这个原因,另一部分则是因为他们众所周知的单纯(dia tēn legomenēn euētheian);他们的个性如此简单(euētheis ontes),以至于当他们听说公平或肮脏的事情时,都顺从地信以为真。没有谁像今天的人一样灵活机巧,怀疑(huponoein)它是谎言;他们听说关于神或人的事,都信以为真,并奉行它。因此,他们正巧是你我所说的那种人。①

这段对话在两个意义上具有模糊性。

首先,形容词 euēthēs 与名词 euētheia 都表示个性中的善良与愚笨。② 柏拉图使用这两个词是想要说明,这些人的"善良"很大程度上取决于他们的愚笨。在《蒂迈欧》22b6-23b3 中,柏拉图所说的山中居民必定也属于这类人。这些山中居民从大洪水中幸存下来,但因为他们不居住在城邦中,所以仍然目不识丁,对缪斯也一无所知。事实上,唯有在城市之中,人们才有足够多的闲暇时光,允许他们投身到写作与音乐("音乐"一词此处当取其广义)中去,但对山中居民而言,因为种种条件所限,他们当然不可能会怀疑自己所听见的、关于神与人的话语之下或许隐藏着谎言。因为怀疑(huponoein)之中,其实包含着他们所缺乏的知识(sophia)与

---

① 《法义》卷三,679c2-8。

② Claude Gaudin, "EUĒTHEIA: La théorie platonicienne de l'innocence", *Revue philosophique de la France et de l'étranger* 159(1981):145—168.

技艺(*epistēmē*)。这段对话所具有的另一重模糊性也可以从 *huponoein* 引带出来。可以肯定的是,在这里,*huponoein* 就是在影射智者们往常使用的讽寓式的理解方式。*sophia* 与 *epistēmē* 两个词都可作为印证。但是,柏拉图的批判并未停在此处。根据《理想国》与《法义》,这个时期的人们对待神话不仅仅是无法作出任何寓意的理解,更有甚者,他们缺乏辨别神话真假的洞察力。

而柏拉图关于神话的立场,则介于天真的态度与学究的态度之间。所谓天真的态度,就是自然大灾害的幸存者所采取的态度,他们不以寓意的方式理解神话,甚至对谎言与真实也不加甄别。而另一方面,所谓学究的态度,则在那些冀图通过寓意理解,将谎言变成真实的人身上集中体现出来。正如上文所引的《理想国》中的片段①,柏拉图拒绝一切诉诸于寓意的理解,因为这种理解方式使得真实与虚假相互混淆。

在这里,我们偶然地发现了科学知识对古希腊神话最基本的态度。② 这种态度来自于公元前六世纪的古希腊,彼时人们渐渐开始在传统宗教的框架之外探索 *phusis*("自然")。③ 首先,科学知识发现了神话中的虚假,而这提供了两种进路。一种是科学知识完全拒斥神话中虚假的部分,仅仅将其中可以被视为真实的部分留存下来;但总体而言,他们保留下来的内容并不多④;而另一

---

① 《理想国》卷二,78d3-e3。

② 在《神话的创造》(*The Creation of Mythology*)的第一章中("模糊的边界[Ambiguous Border lines]"),德蒂安就已经清楚地表现出现代科学对待神话的看法与柏拉图及巴门尼德时代的人对待神话的看法惊人的相似。

③ 有关古希腊"phusis"观念更细致的分析,参见 Gerard Naddaf, *L'Origine et l'évolution du concept grec de "phusis"*, Lewiston, N. Y.: Mellen, 1992。这部著作法文版的第二次修订本由巴黎 Les Éditions Klincksieck 出版,英文修订本则由纽约州立大学出版社(State University of New York Press)出版。

④ 这也是柏拉图的立场,它一定受到了色诺芬尼的启发,这种立场在《理想国》中非常的坚定,但是在《法义》中则软化了。关于色诺芬尼,参见本书第九章,第二节中引述的三个残篇。

种进路则是科学知识试图通过寓意理解,将原本虚假的东西转化为真实。

关于后一种立场,我们可以追溯到更早期的希腊。根据丕平所言,毕达哥拉斯(fl. 532—31)和赫拉克利特(fl. 504—501)就已经为寓意理解铺就了一条道路。而这条道路真正的第一个实践者,则是利基翁的塞奥格尼斯(Théagènes de Rhégium),他是最早钻研荷马作品的历史学家。塞奥格尼斯选择了一种物理学的寓言;而阿那克萨戈拉(Anaxagore, 500—428)则使用了伦理寓言,他的学生——兰萨库斯的美特罗多洛斯(Métrodore de Lampsaque)和阿波罗尼亚的狄奥根尼——也对神话进行了寓意解读,但是他们更倾向于物理寓言。最后,在公元前五世纪末,原子论者德谟克利特(fl. 440—35)则同时进行了物理学式及心理学式的寓意解读。在这种种源流思想之后,寓意解读终于为智者所接纳,其中以凯奥斯岛的普罗狄库斯(Prodicus de Céos)为代表。

简而言之,自公元前六世纪始,针对诸如色诺芬尼等"哲学家们"对神话的攻击,一场反击战早已拉开了序幕。哲学家既斥神话为"谎言",其他思想家为了在伦理学及物理学的领域为神话辩护,则试图在神话的表面意思之下,理解出更深层次的意义。为了达到这个目的,他们将诸神与英雄比作物理元素、灵魂的倾向,以及善与恶。

柏拉图的同时代人,安提斯尼泰(Antisthènes)与狄奥根尼,最爱从词源学下手,他们将赫拉克勒斯(Héraclès)与尤利西斯(Ulysse),美狄亚(Médée)与喀尔克(Circé)都变成了犬儒主义的英雄,以实现一种含有道德说教意味的寓意式解读。通过这种方式,他们将许多神话都占为己有,吸收到自己的哲学中去。

面对犬儒主义者与智者对神话寓言式的解读,下面这段来自

《斐德若》开篇的对话，就是柏拉图的回应：①

斐德若：告诉我，苏格拉底，人们说的波瑞阿斯（Borée）将珴瑞狄娅（Orithye）掠走，是不是就在伊利索河这一带？

苏格拉底：是的，他们正是这么说。

斐德若：是不是正是这儿？你看溪水多么迷人，既纯净，又清澈；正适合姑娘们在溪边戏耍。

苏格拉底：不是的，那个地方还在下面一些，还要走两三个体育场那么远，你去阿格拉圣所时会穿过它；我想，那附近还有座侍奉波瑞阿斯的祭坛。

斐德若：我倒真的未曾注意过。但是，以宙斯之名，苏格拉底，告诉我，你也被说服，相信人们说的这神话是真的吗？

苏格拉底：即便我不相信它，就像身怀巧技（sophoi）的人一样，我倒也不算什么古怪之人。那样的话，我会给出一个更科学的（sohpizomenos）说法，解释那位少女是怎么被波瑞阿斯的一阵狂风（一阵北风）从这附近的岩石上刮了下去，最后传说才将她的死变成了被波瑞阿斯掳走，当然，还有别的说法，说这个故事发生在石山（Areopagus）上。不过，在我看来，斐德若啊，我觉得这些说法固然很吸引人，但是太过聪明又太不知疲倦的人并不一定会幸福，原因十分简单，在这之后，他们还会继续下去，他要告诉我们关于人头马的真面目，还有凯米拉的真面目；遑论别的一大堆类似的生物，戈尔贡、珀加索斯以及其他传说中人们耳熟能详的怪物都会将他们完全占据。如果有哪个人，因为自己不相信它们（怪物），就用自

---

① 这个回答一方面也蕴含在前文引述的《理想国》的文段中（378d-e3）。柏拉图很可能在影射毕达哥拉斯学派，参见 P. Boyancé, *Le Culte des Muses chez les philosophes grecs*：*Études d'histoire et de psychologie religieuses*，[1936]，Paris: de Boccard, 1972, pp. 121—131。

己粗陋的技艺(*agroikōi tini sophiai khrōmenos*)将它们每一个都看作是貌似真实的东西,那这可需要大把的闲暇。而我,我怎么说也没有那么多闲暇来做这些事情。喏,我的朋友,这就是原因。我尚且还不能遵照德尔斐的铭文,认识我自己。所以,在我看来,如果没有关于自己的认识,就去探究那些不相干的东西,显得有些可笑。因此,我并不为这类事情所困,而是接受关于它们现有的信念,然后继续我刚刚所说的那种关于我自己的探究,去发现我究竟是个比堤丰更复杂、更骄矜自大的生物,还是说我是一个简单而温和的造物,分有了一些神性,本性并不与提丰一样。①

苏格拉底在这里提到了寓言式理解常用的几种套路。譬如,其中最显而易见的是对词源学的歪曲运用,这往往是物理式寓言的起点:珴瑞狄娅(Orithye)是"山间奔跑者"(*orē thein*)的意思,而波瑞阿斯(Borée)则是北风(le vent boreal)。另外,其中也暗示了道德式的寓言:提丰(Typhon)代表烟雾缭绕的灵魂(在古希腊语中,*tuphhos* 表示水蒸气或烟雾)。从这个角度看,出于谨慎,我们在此只能作出微小的推进②——柏拉图是在针对安提斯泰尼,不过在《克拉底鲁》中,柏拉图又借克拉底鲁,再次提到了安提斯泰尼其人。③

可见,对于寓意解读,无论它们使用的是哪一类手段,柏拉图

---

① 《斐德若》229b4-30a6。

② J. Pépin, *Mythe et allégorie*, pp. 113—114.

③ 关于柏拉图通过人物克拉底鲁应对的对手,参见 K. Gaiser, Name und Sacbe in Platons "Kratylos"Abhandlungen der Heidelberger Akademie der Wissenschaften, Philosophisch- historische Klasse, Jahrgang 1974, Heidelberg: Carl Winter Universitätsverlag, 1974, s. 11—12。另一种相反的观点则认为从克拉底鲁身上可以看见安提斯泰尼的投影,参见 Timothy M. S. Baxter, The Cratylus: Plato's Critique of Naming, Philosophia antiqua 58, Leiden: Brill, 1992。

对它们始终都保持着拒斥的态度。那么,他是如何解释自己的拒斥的呢?在《理想国》中,柏拉图强调说,神话主要是针对孩童的,而孩童却没有能力辨别其中哪些是寓言,哪些不是。而在《斐德若》中,他则称,如果要对古希腊所有神话都进行寓意解读,这项工程未免过于浩大。那我们能否得到关于这个问题的一个确定的回答呢?答案是否定的。第一个答案在理智上是可以被接受的。神话毕竟是面向孩童的,而孩童没有辨别寓言的能力。而第二个答案,则只具有部分的说服力。如果不对数量浩大的整体进行寓意解读,那么我们也不能对某个单一的神话元素进行这样的解读,但是前者却是一个万分艰巨的任务。然而,如果这个前提被接受了——归根结底,神话之中真的隐藏着真实——那么,即便工程浩大,我们又有什么理由退却呢?因此,柏拉图所拒斥的恰恰是这个前提,因为对他而言,真实唯独隐藏在哲学话语之下。

神话具有真实的价值也好,缺乏真实也罢,这些都是次要的;因为神话的真实与虚假完全在于,它是否与哲学家就同一主题讲述的话语相符合。既然如此,又有什么必要将神话中的虚假变成真实呢?我们更应该到真实所在的地方——哲学家的话语之中——去寻找它。总而言之,在公元前六世纪的雅典所出现的知识与科学,也就是柏拉图所说的"哲学"①,决不能被用来将神话中的谎言转化为真实。事实上,这种尝试是本末倒置的,它将哲学变成了阐释神话的手段,而哲学才应是真实真正的寓居之所。

---

① W. Burkert, "Platon oder Pythagoras? Zum Ursprungdes Wortes 'Philosophie'", *Hermes* 88(1960): 159—177; Luc Brisson, "Mythes, écriture, philosophie", in J. F. Mattéi ed., *La naissance de la raison en Grece*, Actes du Congres de Nice, May 1987, Paris: PUF, 1990, pp. 49—59.

第十三章　柏拉图对"*MUTHOS*"的衍生用法

我们看到,*muthos* 可以指一种话语类型,在本书第一章中,我们将其形容为一种集体的交流(le communication collective)。柏拉图对这种话语进行了一番全面的批判,我们在上几章中仔细地考察了这种批判。但是,柏拉图的著作中还有十八处,*muthos* 特指其他种类的话语①,现在我将对它们进行回顾与考察。

关于 *muthos* 的衍生用法,我们大致概括如下:柏拉图用 *muthos* 指其他几种话语,这些话语具有自己的名称,通常用其他词汇来表达;而柏拉图之所以用 *muthos* 指代这些话语,是因为神话的定义与这几种话语的定义有相似之处。换言之,我们现在需要解释柏拉图对 *muthos* 的隐喻用法(l'usage metaphorique)。②

当柏拉图在其衍生义上使用 *muthos* 时,这个词语指涉的话语类型不外乎两种:修辞性的话语和哲学的话语。事实上,这个词曾两次指涉修辞的运用:它们都出现在《斐德若》中,苏格拉底模仿吕西阿斯的口吻发表演说。③ 既然是作为一种修辞的运用,那么这

---

① 见附录一。
② 关于这个问题,参见 Luc Brisson,"Sémantique de la métaphore",*Dialogue* 15 (1976):256—281。
③ 《斐德若》237a9,241e8。

种话语就与游戏、虚构有相似之处:也就是说,从语义的表现来看,这种话语并不包含任何语言学之外的真实事物。话语的指涉正是话语本身——正是在这里,这种话语表现出了与神话的相似性。

除此之外,柏拉图另外十六次使用 muthos 的衍生义时,全都是在哲学的语境之中。其中有五次,muthos 指柏拉图所质疑的哲学理论。在《泰阿泰德》中,柏拉图将普罗泰格拉的理论称为 muthos。① 而在此之前,柏拉图还将另一个唯物主义者(或许他来自昔勒尼学派)的理论比作 muthos。② 最后,在《智者》中,所有关于数字之基础的学说也直接被视为 muthos。③ 柏拉图用 muthos 来指代这些学说,从而表现出了对它们的批判——这些话语都是虚假的。而作为虚假的话语,它们所包含的那种现实与它们所描述的那种并不相符。因此,我们应将它们视为相似物,也就是说,它们就像那些本应该再现出真实,却与真实大有出入的画作。④ 现在,神话也可被视作是相似物了——因为它与这些虚假的哲学理论有相似之处。

此时,我们还只能看见一种部分的相似性——当我们说神话是虚假的,是因为神话是不具可证伪性的;所以它还与哲学理论不同,柏拉图能够对后者进行批判,正是因为后者被证伪了。⑤ 但是,柏拉图并不仅仅用 muthos 指他所反对的学说,其余的十一处 muthos 全部被用来指涉柏拉图自己的话语。其中有四处出现在《蒂迈欧》中,muthos 指涉可感世界的宇宙论假定。⑥ 还有三处,它以 eikōs muthos 的形式出现,这三处非常值得我们注意。⑦ 正如

---

① 《泰阿泰德》164d9,e3。
② 《泰阿泰德》156c4。
③ 《智者》242c8,d6。
④ 关于相似物的定义,参见 Soph. 266d9-e1。
⑤ 见第九章。
⑥ 《蒂迈欧》29d2,59c6,68d2,69b1。
⑦ 《蒂迈欧》29d2,59c6,68d2。

伏拉斯托斯(G. Vlastos)所说，这个表达最关键的部分其实是 *eikōs*。① 为了验证这一点，我们需要注意下面这些事情：《蒂迈欧》中有七处，柏拉图将蒂迈欧对可感世界的描述话语称为 *eikōs logos*。② 另外，*eikōs*，*eikotōs* 等表达在《蒂迈欧》中还出现在了其他六个地方，皆是表达相同的意思。③ 这一切都是因为，《蒂迈欧》中的话语是关于可感世界的构建的。

《蒂迈欧》中的一段话可以佐证我们的想法，根据话语之对象的性质，柏拉图区分出两种话语：

> 蒂迈欧：关于一个复本(*peri te eikonos*)，以及它的原型(*kai peri tou paradeigmatos*)，我们必须作出这种区分：对于那些恒久而稳定，可以经由理智发现的，那么关于它的话语本身也是恒久的、稳定的；而如果一段话语是关于(理型世界的)复本的(*tous de tou pros men ekeino apeikasthentos*)，因为它只作为复本(*ontos de eikonos*)，所以相较于第一种(话语)而言(*eikotas ana logo te ekeinōn ontas*)，它只不过是相似物。好比真实之于变动(*hoti per pros genesin ousia*)，这正是真理之于信念(*touto pros pistin alētheia*)。④

---

① G. Vlastos, "The Disorderly Motion in the *Timaeus*" [1939], *Studies in Plato's Metaphysics*, London: Routledge & Kegan Paul/New York: Humanities Press, 1965, p. 382. 阿多(Pierre Hadot)则试图在自己的论文"Physique et poésie dans le Timée de Platon"(*Revue de Théologie et de Philosophic* 115 [1983]: 113—133)中表明，*eikōs logos* 这一表达描述了一种特殊的文学种类，而《蒂迈欧》正是它的第一个例子：这是一种讲述宇宙诞生的、可能性的故事。关于对这种看法的回应，参见 Luc Brisson, "Le discours comme univers et l'univers comme discours: Platon et ses interprètes neoplatoniciens", *Le texte et ses représentations*, p. 127.

② 《蒂迈欧》30b7, 48d2, 53d5-6, 55d5, 56a1, 57d6, 90e8.

③ 《蒂迈欧》34c3, 44d1, 48c1, 49b6, 56d1, 72d7.

④ 《蒂迈欧》29b3-c3.

从这个角度看来，我们应当这样理解 *eikōs logos*："一段关于理型之复本的话语"，也即是指关于可感事物的话语。这样一来，所谓的 *eikōs muthos* 就是指："关于理型之复本的神话"，也即关于可感事物的神话。

这段释义还有待进一步的说明。对于可感事物而言，唯有其此时此刻的状态是理型世界的复本，可以为感官所感知，并由可证伪的话语表达出来——这即是 *eikōs logos* 的意思。如果是在可感事物形成之前，或者当其尚处于形成的过程中，我们不可能直接或间接地感知到它。同样，也没有任何可证伪的话语能够用于描述它。因此，如果我们要谈论它，就只能选择说明性的话语，而这种话语是不具可证伪性的。这就是为什么柏拉图用 *eikōs muthos* 一词来形容这类话语的原因。相对于有关可感事物的话语而言，这种话语是不具可证伪性的，因为它指涉的是作为理型之复本的事物（也即可感事物）在形成之前或形成过程中的状态。

另外有待解释的七处 *muthos* 的使用则都出现在与政治有关的语境中。其中两处 *muthos* 分别指涉苏格拉底在《理想国》中描绘的城邦，以及雅典人在《法义》中形容的城邦。① 在《蒂迈欧》的开头，克里底亚进行了这样的表达，他将苏格拉底前日描绘的城邦——这个城邦与《理想国》中的城邦非常相似——与古雅典相比较，后者的光辉事迹被埃及人记载了下来，赛斯的一位祭司将它告诉了梭伦：

> 克里底亚：昨天你像说神话一般，向我们描述了那座城邦以及其中的公民，我们现在将回到真实的世界中。你所说的应该是古代的雅典城邦，而你想象的公民（*tous politias hous dienoou*），我们假设他们就是那位祭司所说的，我们真正的祖

---

① 《蒂迈欧》26c8；《法义》卷四，752a2。

先（*phēsomen ekeinous tous alēthinous einai progonous hēmin, hous elegen ho hiereus*）。①

苏格拉底关于理想城邦的话语被比作了一则神话，这是因为古代雅典作为这个城邦现实中的原型（*Tim.* 25d7-c50），关于它的传统已不复存在了（至少在古希腊是这样）。因此，除了在描述其体制的人的脑海中尚存一息之外，这个理想的城邦也不复存在了；我们只能期待它在未来或许会成为现实。muthos 这种衍生用法的有趣之处，正在于它将未来的维度引入到了神话的领域中，在此之前，神话都仅属于遥远的过去。

我们也可以对《法义》中的文段在相同的意义上进行解释：

> 雅典人：如俗话说的，既然你已经站上了拳击台，那就没有退路了；现在对你我而言，都是如此。据我所知，你和你的九个同僚已经向克里特的人民起誓，要将你们的灵魂投入到城邦的建立中去；至于我，我也发誓要帮助你完成这个神话（*muthologian*）。那么，可以肯定，既然我已经开始讲述神话了，那么我就不应该让它没头没尾；如果它没有头地四处乱走，那个场面实在太可怕了。
>
> 克里尼亚：这确实是不应该的。②

雅典的异乡人的神话，其实就是他正在说的，关于克里底亚殖民地建立的话语。这样看来，异乡人在《法义》中的进路就和《蒂迈欧》开头③克里底亚所提起的苏格拉底的进路颇为相似。这两篇对话

---

① 《蒂迈欧》26c7-d3。
② 《蒂迈欧》26c7-d3。
③ 《法义》卷四，751d7-752a5。

都详细地描述了一个政治模型,并且都打算在遥遥无期的将来,在现实城邦的建立过程中,使用这种模型。那么,从时间的角度说,这种进路实际上与宇宙论模型的进路是相反的,后者的目的在于描述可感事物形成之前以及形成过程中的状态;但是,从指涉的角度来说,政治模型与宇宙论模型之间却又有一种平衡。虽然这两种话语所指涉的都不是理型世界,但是它们或属于遥远的过去,或属于遥远的将来,所以也都不可为感官所把握。

简而言之,《蒂迈欧》中的宇宙论模型,以及《理想国》、《法义》中的政治模型——这二者与神话的对比,都建基在它们与其指涉的关系上,这二者的指涉内容都无法真正地被捕捉。

最后一种 muthos 的衍生用法在《法义》中出现了五次。[1] 柏拉图在这篇对话中重新启用了 muthos 的古义,[2]赋予 muthos 一个全新的角色,我们只能在这个基础上理解这种用法——神话之作为法律的序言。

我们前文已经谈到过这个问题,[3]雅典的异乡人强调神话的说服作用,从而将神话与法律序言部分的劝诫结合起来。在这个例子中,muthos 一词的语域已与古希腊的传统神话不同了,雅典的异乡人用它来描述充当法律序言的话语。因此,神话就变成了"序言"或"劝诫"的同义词,也就是说,此时,它是一种用来说服公民遵守法律的话语。其中最典型且清晰的例子就是《法义》卷五 841c6-7 了,序言被明确地比作 muthos:"毫无疑问,我刚刚所提议的无非是神话(kathaper isōs en muthōi)。"而在另外四处,由于某种语义学的处理,muthos 的这种隐喻涵义则表达得更为隐晦。尽管如此,需要注意的是,这八处 muthos 衍生用法所出现的

---

[1] 《法义》卷四,771c7,773b4,卷七,790c3,812a2,卷八,841c6。
[2] 关于这个问题,参见附录四。
[3] 见第十一章。

第十三章 柏拉图对"*MUTHOS*"的衍生用法

语境,都明确地指涉了神话的领域:《斐德若》中苏格拉底谈论 *Eros* 时;①《泰阿泰德》中谈到普罗泰格拉②的理论时,以及谈到唯物主义者③时,柏拉图频频使用一些与神话相关的词语描绘他们;④在《智者》中,柏拉图时不时地谈到数字基础理论,⑤他认为这种理论或是受到了缪斯女神的启发,或是受到了其他神话人物的影响(比如阿芙洛狄特);最后,《蒂迈欧》⑥将苏格拉底前日描绘的城邦与古代雅典城邦相提并论,后者抵挡住了亚特兰蒂斯的攻击。另外,在《法篇》卷五中⑦,雅典异乡人在描述殖民地的情况时,特意提起了忒修斯(Theseus)的冒险经历⑧——忒修斯以及其他几名雅典人作为祭品被送给牛头人。

在《法义》中,muthos 还有五次以 para-muthia, -muthion 的意思出现,这时,它所表现的正是传统的神话。在《法义》卷六 771c1 中,对话正讲到要按照地域及群体将城邦划分为十二个区域,每个区域分属于一位神,muthos 也出现在了这个文段中。在《法义》卷六 773b4 中,对话说到赫拉嫁给了宙斯,muthos 也不出人意外地出现在了这里。muthos 还出现在了《法义》卷七 790c3 中,这时,雅典的异乡人正说到克吕班忒斯(Corybantes)。⑨ 而在《法义》卷七 812a2 中,muthos 则并不特指任何与神话相关的因素。不过,值得我们注意的是,在这里,muthos 指的是文学研究,而文学正是神话最根本的部分之一。最后,在《法义》卷八 841c6

---

① 《斐德若》237a9,241e8。
② 《泰阿泰德》164d9,e3。
③ 《泰阿泰德》156c4。
④ 《泰阿泰德》155e-56a。
⑤ 《智者》242c8, d6。
⑥ 《蒂迈欧》26c8。
⑦ 《法义》卷六,751d7-52a5。
⑧ 《法义》卷六,751e1-2,卷三,702e5。
⑨ 《法义》卷七,790c5-e4。

中,雅典异乡人刚刚说过的话被比作 muthos——此时的 muthos 指的正是传统的神话。而在《蒂迈欧》中,muthos 则被用来形容那些关于宇宙起源及神谱的话语。①

归根结底,柏拉图对 muthos 的这十八次衍生用法,总体而言都出现在关于神话的语境中,这些神话有些是当时希腊的传统神话,有些则是柏拉图自己的神话,无论他本人是否承认这些神话,他都是在 muthos 的原初意义上,指代这类话语。这样一来,muthos 衍生义与其原义之间的差异就被大大地稀释了。

德蒂安拒绝对 muthos 的原意与衍生义作出区分,他的论证很大程度上也建基于此,他正是这样得出自己的结论的:"神话"的指涉对象如此驳杂纷呈,以至于最后它似乎没有任何专门的指涉。②但是,这种拒绝究竟是否源自一种理论上的预设呢?

---

① 《蒂迈欧》29d2,59c6,68d2,69b1。
② Marcel Detienne, *The Creation of Mythology*.

附 录

附录一　柏拉图著作中"*MUTHOS*"一词使用索引

布兰德伍德（L. Brandwood）为我们提供了一份出现在柏拉图著作中所有术语的完整清单①，根据这份索引清单，除了带定语 ho 与连词 kai 的地方，muthos 一词共计出现了一百零一次。

在这一百零一处 muthos 中，八处系引用，八十七处出现在可信的柏拉图自己的作品中；另外六处则出现在属柏拉图之名的作品中，但是时至今日，这些作品的真伪性也尚存疑，或被绝大多数学者认定为伪作。

这份索引清单的有趣之处在于，它很大程度上启发了我们，让我们可以从中摸索出这个单词词意的演变。首先，下面是关于那八处在柏拉图的引用中出现的 muthos 的列表，根据它们各自的来源②，我将它们分门别类。在这八处，muthos 指的是"自我表达的思想"，"意见"，这与富尼耶（H. Fournier）所说的 muthos 词义的发展恰好相符。③

---

① L. Brandwood, *A Word Index to Plato*, Leeds: Maney & Son, 1976.
② 如上，991—1003。
③ H. Fournier, Les Verbes "dire" en grec ancient, Paris: Klincksieck, 1946, pp. 215—216.

引用作品	作品作者	相关对话
《残篇》1(West IEGII)	佚名挽歌诗人	《德谟多科斯》383c1
《墨拉珀尼》(残篇 484 Nauck)	欧里庇得斯(Euripides)	《会饮》177a4
《伊利亚特》4.412	荷马	《理想国》卷三 389e6
《伊利亚特》9.309	荷马	《希庇阿斯》卷二 365a2
《奥德赛》20.17	—	《斐多》94d8
《奥德赛》20.17	—	《理想国》卷三 390d4
《奥德赛》20.1	—	《理想国》卷四 441b6
《残篇》437(West IEGI)	塞奥格尼斯	《美诺》96a1

在柏拉图那里，muthos 一词的含义发生了变化，它特指一种话语的种类。下面是对八十七处柏拉图真作中出现的 muthos 的整理：《克拉底鲁》408c8；《高尔吉亚》505c10，523a2，527a5；《法义》卷一 636c7，d3，d5，645b1，卷二 664a6，卷三 682a8，683d3，699d8，卷四 712a4，713a6，c1，719c1，卷六 752a2，771c7，卷七 773b4，790c3，804e4，812a2，卷八 840c1，841c6，卷九 865d5，872e1，卷十 887d2，903b1，卷十一 913c2，927c8，卷十二 944a2；《斐多》60c2，6l b4，b6，110b1，b4，114d7；《斐德若》237a9，241e8，253c7；《菲丽布》14a4；《政治家》268d9，e4，272c7，d5，274e1，275b1，277b5，b7；《普罗泰格拉》320c3，c7，324d6，328c3，361d2；《理想国》卷一 330d7，350e3，卷二 376d9，377a4，a6，b6，c1，c4，c7，d5，378e5，379a4，381e3，卷三 386b8，391e12，398b7，415a2，c7，卷八 565d6，卷十 621b8；《智者》242c8，d6；《泰阿泰德》156c4，163d9，e3；《蒂迈欧》22c7，23b5，26c8，e4，29d2，59c6，68d2，69b1。

我们应分别从不同的角度分析该列表。我根据 muthos 在单篇对话中出现的频率，对其进行整理，列出了下表：

排　名	对　话	频　率
1	《法义》	27
2	《理想国》	20
3	《政治家》	8
4	《蒂迈欧》	8
5	《斐多》	6
6	《普罗泰格拉》	5
7	《高尔吉亚》	5
8	《斐德若》	3
9	《泰阿泰德》	3
10	《智者》	2
11	《克拉底鲁》	1
12	《菲丽布》	1

因此，在公认为柏拉图真迹的二十六篇对话中，muthos 仅在其中十二篇中出现。另外，其中五十四次是出现在同两篇对话中，即《法义》（三十一次）与《理想国》（二十三次）。在《理想国》中出现的二十次 muthos 中，有十六处集中在卷一与卷二，这两卷书讨论了音乐在对护卫者的教育中所起的作用。

让我们在细致地考察这八十七处 muthos 之前，先看看在真伪性存疑的作品中 muthos 的六次使用：《阿尔喀比亚德》卷一 123a1；《厄庇诺米斯》975a6，980a5；《第七封信》344d3，《第十二封信》359d9；《米诺斯》318d11。此后我们进行研究时，不会将它们考虑在内。

现在，我们来看看在这些被普遍承认系柏拉图真迹的对话中出现的八十七次 muthos。根据下面的原则，这些词汇可以被分为数个子群。首先，这八十七个 muthos 分别指涉哪一类话语呢？我们的第一个原则就与这个问题有关。

在 muthos 的这八十七次出现中，有六十九次被用来指涉"神话"——这个概念与任何一个，即便知识十分有限的，古希腊人所认同的神话概念都相符。我认为可以将这些 *muthos* 称作该词汇的自然用法,换言之,它就是英语中的"myth"的语言影像,它具有特定的语境,也即是指古希腊神话。这并不是说,我为了方便解释此类话语,而故意将我们限制在这种自然用法之中;相反,我的目的在于,在对这些材料进行分类的过程中,达成尽可能广泛的共识。由此出发,八十七处 *muthos* 中的这六十九处指涉的是被自然地叫作"古希腊神话"的话语。我将柏拉图的这六十九处对 *muthos* 的使用描述为"原初的"使用。

在这六十九处 *muthos* 中,又有二十七处指涉的是柏拉图自己的神话——无论他承认这些神话来自他本人,还是声称这些神话出自其他某个人之口;因为其他四十二处 *muthos* 指涉的是古希腊人所说的神话:在任何一部希腊神话辞典中都能找到它们。当我们谈论的是 *muthos* 的自然用法时,我们有必要求助于古希腊神话辞典,因为我们的首要目标就是在我们的研究进行材料分类时可以达成一种共识,这种共识越广泛越好。

在这四十二处 *muthos* 中有二十处指的是古希腊人最一般的讲述神话的方式:《克里底亚》408c8;《高尔吉亚》505c10;《法义》卷三 699d8,卷五 840c1;《斐勒布》14a4;《政治家》272c7;《理想国》卷一 350e3,卷二 376d9,377a4,a6,b6,c1,c4,c7,378e5,379a4,卷三 391e12,398b7;《蒂迈欧》23b5。

除此之外,其他二十二处分别指涉如下特殊的神话:

死后灵魂的活动,《法义》卷九 927c8;
亚马逊人,《法义》卷七 804e4;
Biaiothanatoi(受害而死的人),《法义》卷九 865d5;
特洛伊的建立,《法义》卷三 682a8,以及拉西岱蒙(斯巴达)、阿尔戈斯、迈锡尼的建立,《法义》卷三 683d3;
幻变为不同形态在夜里游荡的诸神,《理想国》卷二 381e3;

伽尼墨德斯(Ganymede),《法义》卷一 636c7,d3,d5；

哈德斯,《理想国》卷一 330d7,卷三 386b8；

涅斯托尔(Nestor),《法义》卷四 712a4；

弑父者的命运,《法义》卷九 872e1；

帕特罗斯(Patrocles)与阿基琉斯(Achilles)的武器,《法义》卷二 944a2；

法厄同,《蒂迈欧》22c7；

受缪斯启发的诗人,《法义》卷四 719c1；

发现珍宝,《法义》卷十一 913c2；

吕卡俄斯的宙斯神庙,《理想国》卷八 565d6。

这十八处 *muthos* 还应加上另外四处,在这四处中有三处 *muthos* 指涉的是伊索所说的神话：《斐多》60c2,61b4,b6；还有一处则是指荷马及赫西俄德说过的神话：《理想国》卷二 377d5。

剩下的二十七处 *muthos* 则指柏拉图本人说过的,或者是被他加之于其他人头上的神话。如下列出：

亚特兰蒂斯神话,《蒂迈欧》26e4；

土生民神话,《理想国》卷三 415a2；《法义》卷二 664a6；

等级神话,《理想国》卷三 415c7；

厄尔神话,《理想国》卷十 621b8；

大地神话,《斐多》110b1,b4,114d7；

死后审判神话,《高尔吉亚》523a2,527a5；

灵魂的本质及命运神话,《斐德若》253c7；

普罗泰格拉的政治智慧赐予神话,《普罗泰格拉》320c3,c7,324d6,328c3,361d2；

神意神话(providence myth),《法义》卷十 903b1；

木偶神话,《法义》卷一 645b1；

世界的旋转的颠倒神话,《政治家》268d9,e4,272d5,274e1,275b1,277b5,b7;以及《法义》卷四 713a6,c1。

这些神话都与某些古希腊传统神话存在着联系:它们或是试图取传统神话而代之,或是依据其语境、目的的特殊需要,对传统神话进行改编。

值得注意的是,柏拉图有十八次用 muthos 一词指涉另一些话语类型,这些话语类型既不是古希腊人所定义的神话,也不是柏拉图著作中属于他本人或其他人的神话。这十八处对神话的用法,或许应被称作神话的"衍生"用法。

例如,苏格拉底在《斐德若》237a9,241e8 中谈到修辞学的运用,柏拉图就将神话与之联系起来。另外,柏拉图也会将哲学理论称为 muthos,且他不仅仅这样看待其他哲学家的理论(《泰阿泰德》156c4,164d9,e3;《智者》242c8,d6),对于自己的理论,他也一视同仁。譬如,在《蒂迈欧》29d2,59c6,68d2,69b1 中,柏拉图就将自己发展的那些话语称作 muthos。对于苏格拉底(《蒂迈欧》26c8)以及雅典异乡人(《法义》卷六,752a2)所说的理想城邦的政治体制,柏拉图也以 muthos 称之。最后,在《法义》中,柏拉图通过一个文字游戏,用 muthos 一词指代起劝诫作用的法律序言:《法义》卷六 771c7,773b4,卷七 790c3,812a2,卷八 841c6。

我们已经根据 muthos 所指涉话语的含义,对它进行了分类;接下来,我打算考察一下柏拉图对话中的对话者们对 muthos 一词的运用。根据对该词使用频率的高低,我列出了如下清单:

苏格拉底,34+[2](两次出自卡里克勒之口):《克拉底鲁》408c8;《高尔吉亚》404c10,[《高尔吉亚》523a2],[《高尔吉亚》527a5];《斐多》60c2,61b4,b6,110b1,114d7;《斐德若》237a9,241e8,253c7;《斐勒布》14a4;《普罗泰格拉》361d2;《理想国》卷

二 376d9,377a4,a6,b6,c1,c4,c7,d5,378e5,379a4,381e3,卷三 386b8,《理想国》391e12,398b7,415a2,c7,卷八 565d6,卷十 621b8;《泰阿泰德》156c5,164d9,e3;《蒂迈欧》26e4。

雅典异乡人,27:《法义》卷一 636c7,d3,d6,645b1,664a6,卷三 682a8,683d3,699d8,卷四 712a4,713a6,c1,719c1,卷六 752a2,771c7,773b4,卷七 790c3,804e4,812a2,卷八 840c1,841c6,卷九 865d5,872e1,卷十 887d2,903b1,卷十一 913c2,927c8,卷十二 944a2。

埃利亚的异乡人,10:《政治家》268d9,e4,272c7,d5,274e1,275b1,277b5,b7;《智者》242c8,d6。

普罗泰格拉,4:《普罗泰格拉》320c3,c7,324d6,328c3。

蒂迈欧,4:《蒂迈欧》29d2,59c6,68d2,69b1。

克里底亚,1+[2](两次出自埃及祭司之口)[《蒂迈欧》22c7,23b5],《蒂迈欧》26c8。

克法洛斯,1:《理想国》卷一 330d7。

西米阿斯,1:《斐多》110b4。

特拉叙马霍斯,1:《理想国》350e3。

我们会发现在 87 个 *muthos* 中,有 79+[2]次该词出自于其对话中的主要对话者之口,占比达到 93%。只有 4+[2]次,也即 7%,出自次要的对话者(克里底亚,克法洛斯,西米阿斯以及特拉叙马霍斯)。这个比率与柏拉图所有对话中主要对话者与次要对话者谈话总量之比是一致的。①

---

① 以《巴门尼德》第二部分为例,巴门尼德的谈话共计 10538 词,而作为回应者的青年亚里士多德则只说了 985 个词,二者说话长度比例为 91.6:8.4;参见 L. Brisson, "La Répartition des négations dans la seconde partie du *Parménide* de Platon", *Revue de l'Organisation Internationale pour l'étude des langues anciennes par ordinateur* 1 (1978):45—49。

附录二 "*MUTHOS*"的衍生词以及柏拉图著作中由"*MUTHOS*"构成的复合词

在柏拉图那里，*muthos* 有两个衍生词：*muthikos* 以及 *muthōdēs*，每个衍生词都只出现过一次。① 后缀-*ikos*——一个在哲学词汇表中尤为突出的后缀——意味着对名词所指的类的从属关系；因此，形容词 *muthikos*（《斐德若》265c1）可译作"从属于神话类的"，"与神话相关的"。后缀-*ōdēs*——单从语音学对它进行解释或许不适宜——它表达出与名词之间的相似性：因此，形容词 *muthōdēs*（《理想国》卷七，522a7）可译作"与神话相似的"，"展现出神话特质的"。这两个词语出现次数不多，意义也非常明确，所以我们会在处理"*muthos*"的同时，处理这两个词语。

这篇附录首先要考察将 *muthos* 放在前面的复合词，这是因为在柏拉图所有的著作中，*diamuthologeō* 是唯一一个构词法有所不同的复合词。②

---

① 本附录中主要的参考著作是 Pierre Chantraine 的 *La Formation des noms en grec ancient* (Paris: Champion, 1933)。至于这些词汇在柏拉图作品中的出现清单，请参阅 L. Brandwood, *A Word Index to Plato*。

② 这个动词性复合词来自 *mutholgeō* 加上动词前缀 *dia-*，这说明它表示一种在两个或以上的人之间的关系，以及这个动作的持续性。所以，很明显地，*diamuthologeō* 在柏拉图作品中的三次出现，都表示在数人之间进行的详细讨论。在《申（接下页注）

值得注意的是，所有以 *muthos* 开头的复合词都可以划分为两个相关的词族——*muthopoios* 和 *muthologos*。

这项工作其实更为简单——*muthopoios* 只出现了一次（《理想国》卷二，377b11），这个复合词的后缀是-*poios*，该后缀以 *poieō*（做）为词干。在柏拉图那里，这个词汇从未以原型出现过，它通常都作为复合词的后缀。另外，*muthopoios* 理论上的动词形式 *muthopoieō* 也从来没有出现过。毫不出人意料地，*muthopoios* 唯一的一次出场是被用来指"神话的制作者"——它所出现的语境非常清楚地表明了它的这层含义，在临近的语段中还出现了 *poieō* 的其他结构体：

> 苏格拉底：通过一种对我们的神话制作者（*muthopoios*）的审查制度，如果他们很好地制作了一则神话（*kalon*[*muthon*]*poiēsōsin*），我们就接受它；如果没有，我们就拒绝它。①

在稍后的对话中，②柏拉图还提到了荷马、赫希俄德以及其他诗人——如果我们考虑到这一点——我们就能理解到"神话的制作者"指的正是诗人。

这样一来，这个词语值得探究的意味就变得有限起来：一方面，在柏拉图那儿，这是一个 *hapax legomenon*（单次用语）；另一

（接上页注）辩》39e5 与《斐多》70b6 中，这场讨论聚焦在死后灵魂的命运上。在《法义》卷一 632e4 中，*diamuthologeō* 所出现的文段正根据先前确立的模型描画接下来的蓝图。《法义》的第一个段落聚焦于在宙斯与阿波罗的启发下，米诺斯（Minos）与吕库古斯（Lycurgus）确立的法律。除此之外，《法义》卷三 680d3 的开头对麦格尼西亚（Magnesia）城邦的描述也被比作 *muthologia*。在这三处，*diamuthologeō* 实际上表达了 *muthologeō* 的涵义，且通过动词前缀 *dia*-改变了词义。另外，值得注意的是，在 *diamuthologeō* 的三次出现中，有两次是与 *paramuthia*（《斐多》70b2）或 *paramuthion*（《法义》卷一，632e5）同时出现。

① 《理想国》卷二，377b11-c2。
② 《理想国》卷二，377d3-5。

方面,柏拉图为它赋予了独一无二的意涵。相比之下,*muthologos* 及其衍生词则不然。但是,在考察其他词汇之前,我们必须先提及 *logopoieō* 一词。这个词语是 *logopoios* 的衍生词——除了 *logopoieō* 之外,它还有一个衍生词 *logopoiikos*。

在《欧绪德谟》289d-e 中,*logopoieō* 出现了两次,*logopoios* 出现了三次,而 *logopoiikos* 在柏拉图所有对话中则只出现过一次。在 289d 之后,《欧绪德谟》这样定义 *logopoios*(也即演说制作者)的技艺:

> 苏格拉底:……[演说制作者的技艺]对于议员、陪审团以及其他此类人而言是真正的魔法,劝诫(*paramuthia*)也是一样。①

对话中提到的两种话语或许有所差别,但它们都与集体的交流相关,而并不指个人之间的交流。

这也恰恰是被称作"神话"的话语形式发挥作用的领域。这就是为什么,我们可以将这种被称为 *logos* 的话语与神话相联系——*logos* 的话语形式以动词复合词 *logopoieō* 的形式出现在《理想国》卷二 378d3 及《法义》卷一 636d1;其名词复合词则出现在《理想国》卷三 392a13。在《理想国》卷二 378d3 中,诗人是"制作话语"之人,下面这段对话清楚地揭示了柏拉图的意图,我们几乎可以确定,他所说的这些话语其实正是神话:

> 苏格拉底:我们必须强制诗人们遵照这些原则制作他们的话语(*logopoiein*)。神话中不该有赫拉被其子绑缚、赫耳墨斯为保护母亲而被父亲扔下天空,以及荷马所制作的

---

① 《欧绪德谟》290a3-4。

附录二 "MUTHOS"的衍生词以及柏拉图著作中由"MUTHOS"构成的复合词

(*pepoiēken*)诸神之间的战争……①

在《法义》卷一636c7-d1中,这个问题就更加清楚了,来自雅典的异乡人说道:"你们知道,因为克里特人作为伽尼墨德斯(Ganymede)神话的创造者,受到了我们普遍的谴责,就因为是他们制作了这话语(*hōs logopoiēsanton toutōn*)。"最后,在《理想国》卷三392a13-b1中,诗人以及演说制作者被同时提及:"因为我以为我们将要说,无论是诗人,还是演说的制作者(*kai poiētai kai logopoioi*),对于那些对人类最重要的事情而言,他们的说法都是错误的。"在这些例子中,我们可以用*muthopoios*替换*logopoios*,就像在之前的例子中,我们也可以用*muthopoieō*替换*logopoieō*——纵使在柏拉图的著作中,这个动词复合词压根没有出现过。

不过,让我们把*muthopoios*放一边,先来看看*muthologos*,构成后者的第一个词是*muthos*,第二个词是*logos*。*Logos*一词来源于词根*leg-*。词根后面可以接上任何元音单位,在这个衍生词的词干中,则加上了元音o。而由于重音在这个词根上,所以须将*logos*看作一个单独的词语,一个动名词。因此,复合词*muthologos*的意思就是"讲述神话的人",或更简洁的"神话讲述者"。

那么,对于柏拉图著作中出现过四次的*muthologos*,我们应当作何解读呢?在这四次出场中,有三次——《理想国》卷三392d2,398a8-b1,以及《法义》卷七941b5——*muthologos*在语法上都与*poiētēs*相联系。这在很大程度上表明了诗人与"神话讲述者"的联系;另外,*muthologos*的这三次出场会让我们想起《理想国》卷三392a13,这处文本同时提起诗人与"言词的制作者"(也即神话的制作者)。这种联系其实是必然的,考虑一下当时的口传文明背景更是尤为如此,故事的制作与讲述是不可分离的。

---

① 《理想国》卷二,378d2-5。

muthologos 剩下的一次出场是在《法义》卷二 664d3 中,这一次,它只剩下了讲述方面的意涵,对话正说到,除了三支合唱队之外,还有一群年逾六十的老人,他们会被赋予一个特殊的任务,即讲述神话——而且根据对话透露的信息,这些故事显然不是由他们自己编造的。①

　　所以,我们不能仅根据前面提到的三处 *muthologos* 的例子,就得出结论说 *muthologos* 与 *poiētēs* 是同一的。假如在"话语"的意义上使用 *poiētēs*,它的意义就与 *poieō* 非常相似(*poiētēs* 正是从这个词衍生而来),是指在形式与内容上都进行创制。而 *muthologos* 则是指仅仅在形式上或者内容上进行创制。因此,将 *poiētēs* 与 *muthologos* 分开讨论并非多此一举,因为后者指的是神话的讲述者,无论这个人是否亲自创造了这则神话。

　　至于衍生词 *muthologikos*,则只在柏拉图的著作中出现过一次,《斐德若》61b5,其意涵与 *muthologos* 完全一样。后缀 *-ikos* 表示"属于",因此应将这个词看作表示属于 *mothologoi* 所指族群(也即"讲述神话之人")的形容词。苏格拉底认为自己不属于这一类人,但是他将伊索归于此类。因此,我们或可以合理地猜想,在这里,*muthologos* 不仅仅指"讲述神话之人",同时还表示"制作神话之人"。另外,苏格拉底还试图将伊索的神话放进韵文中,这显然是因为这个制造物尤其在其内容上是一则神话,而并非在其形式上属于构成神话的那类话语。总而言之,如果苏格拉底并不认为自己是 *muthologikos*,并非因为他不讲述神话,而是因为他自己不制作神话,而且他还将神话放进韵文之中。

-----

　　①　关于柏拉图著作中 *muthologos* 的四次出现的语义学分析,我们曾经在本书第三章及第四章进行过更详细的讨论,这些分析明显地表现出,Marcel Detienne 关于《法义》卷二 664d1-4 的说法是有失公正的(*Creation of Mythology*,86—102 及 158—161)。事实上,没有任何证据表明,《法义》中年老的"神话讲述者"就是"占据着政治领域的"那些"神话学"的守卫者。

附录二 "*MUTHOS*"的衍生词以及柏拉图著作中由
"*MUTHOS*"构成的复合词

我们还应当仔细考察 *muthologos* 的另一个重要衍生词，*muthologia*。在古希腊语中，后缀-*ia* 常用于组成阴性抽象名词。*Muthologia* 也是如此，它在柏拉图的著作中共出现八次：《理想国》卷二 382d1,394b9；《斐德若》243a4；《政治家》304d1；《克里底亚》110a3；《法义》卷三 680d3，卷六 752a1；《小希庇阿斯》298a4。它可以意译作"对神话的讲述"，这个名词性的复合词有许多值得讨论的地方。

正如 *muthologos* 与 *poiētēs* 相联系，在柏拉图的一个文段中，*muthologia* 也与 *poiēsis* 联系了起来（《理想国》卷三 394b9-c1）。在古希腊语中，后缀-*sis* 也常用于组成阴性抽象名词。事实上，在阿提卡方言中，-*si* 相当于西北希腊语的-*ti*，而印欧语系中的-*ti* 则大部分时候表示指涉动作主体或工具的抽象动词；但绝大部分由这个词构成的词汇都被当作动名词使用。这正是 *poiēsis*——我们已在上文中详细介绍了这个词——所属于的族群。在这个语境下，我们应该如何解读"*poiēsis kai muthologia*"这一词组呢？我们先前已经看到，*poiēsis* 指的是创造与英文中的"poetry"（诗）大致等同的东西；它所指涉不仅仅是这种话语的内容，也包括其形式。根据 *poiēsis kai muthologia* 这一短语，我猜想 *muthologia* 一词更大程度上是指某人讲述神话的动作，而不论此人是否创制了该神话。但是，在目前的情况下，不仅仅是讲述神话的问题，而且更是制造神话的问题。

在《斐德若》稍后的文段中，这种制造的意味更为明显，苏格拉底提到斯忒希克若斯（Steisichorus）写给海伦的赞诗："对于那些因讲述神话（*peri muthologia*）而获罪的人来说，有一种古老的法子可以为他们洗涤罪责，斯忒希克若斯对此深有体会，而荷马却并不知晓"（《斐德若》243a3-5）。斯忒希克若斯是公元前七至前六世纪的一位诗人，他在一首诗歌中以尖锐的言辞提到海伦。他和荷马一样，因此获罪，被刺瞎双眼；但据说后来他解释说自己并非针对海伦,只是在说海伦的幽灵,眼伤从而不治而愈。在这个语境中,讲述神话也是制造神话。在《理想国》卷二 382d1 与《法义》卷三 680d3,卷五 752a1 中也有这样的例子,比这两个例子更清晰的是《大希庇阿斯》298a4。另外,在《政治家》304d1 中,柏拉图将讲述神话(*muthologia*)与教育(*didakhē*)相对照,此时,这个词语则看似只包含讲述的意味:

> 异乡人:如果我们要对普罗大众进行说服,那么应当选取哪一种技艺,是向他们讲述适宜的神话(*dia muthologia*),还是对他们进行一般的教育呢(*dia didakhēs*)?
> 小苏格拉底:要我说,这当然是修辞学(*rhētorikhēi*)的用武之地了。①

最后,*poiēsis kai muthologia* 实际上可以与 *poiētēs kai muthologos* 相等同。我通常将 *muthologia* 译作"讲述神话(的既成事实)",但必须注意区分的是,它不仅仅有讲述神话的意思,还具有创制神话的意涵。这种创制在内容上,而非形式上,表现出一类特殊的话语的特征——这种话语即是 *poiēsis*。

值得注意的是,在我们刚刚提到的两处例子——《理想国》卷二 282d1 与《大希庇阿斯》298a4——中,*muthologia* 是以复数形式出现的。只要我们区分清楚 *muthologia* 指的是"讲述一则或多则神话",而非英文中的"mythology"所指的一个文明传统中的神话整体,这就非常好理解了。

但是,在《克里底亚》中,有一文段却是在英文"mythology"的意义上使用 *muthologia* 的,它的意思包括(1)一个文明传统中的神话整体,以及(2)研究神话之起源、发展及意义的科学:

---

① 《政治家》304c10-d3。

附录二 "*MUTHOS*"的衍生词以及柏拉图著作中由
"*MUTHOS*"构成的复合词

克里底亚：他们从这片土壤中孕育出一个善良的种族，并将自己的政治秩序教给这些人；他们的名字虽被留传了下来，但他们的丰功伟绩却因其后人的毁灭以及时间的侵蚀遭到遗忘。而幸存下来的那部分人，正如我们先前说过的那样，都是些大字不识的山野居民，他们至多听说过那个国度的名字，而对于那些丰功伟绩，则知之甚少。因此，虽然他们都乐于将那些个伟大的名字告诉自己的子孙后代，但是对于上一辈人的美德及法度，他们则只有一些晦暗不明的耳闻。另外，由于这几代人，包括他们自己以及他们的孩子们，都生活在贫乏之中。因此，他们将全副心思都放在自己的需求上，他们的话语也多是关于这些的，早就将那些古老的故事忘在了脑后。且城邦往往只在闲暇之余讲述神话与探究古老之事（*muthologia gar anazētēsis te tōn palaitōn*），人们在满足了生活必要的需求之后才会来做这些事，在此前则不会。①

在这里，和其他很多地方一样，*muthologia* 可被译作"讲述神话（的既成事实）"。这暗示着该词不仅具有讲述的意涵，而且还表示在内容上有所创制。克里底亚将当下的、在城邦之内的 *muthologia* 与先前的状况——也即山野居民的 *muthologia*——相互对照，后者仅根据生活的需要制作话语。

但是，*muthologia* 经由小品词与 *anazētēsis tōn palaiōn*（对古老之事的探究）相联系，这似乎提示我们，此时，*muthologia* 的意思发生了一些变化。这些神话的讲述与创制都可以追溯到很久以前了，正如《理想国》卷三 392d2-3 中所说的那样。但是，由于我们对这个"很久以前"知之甚少，所以在判断这些神话是否可信之前，就必须先搞清楚"很久以前"究竟是什么。从这个角度看，*mutho-*

---

① 《克里底亚》109d2-110a6。

logia 不仅仅指创制与讲述某些神话,它还有探究这些神话的意味。在这里,它就与"mythology"的两重含义十分接近了。

另外,值得注意的是,"对古老之事的探究"一旦和"讲述神话(的动作)"放在一起,就说明城邦之中不仅有闲暇,还有了文化(literacy)。① 这时,通过音乐的媒介,*muthologia* 再次与 *poiēsis* 联系在了一起。一旦 *muthologia* 与"对古老之事的探究"配合使用,或者它出现在书写文明已有所发展的背景之下时,它所指涉的动作就变得更为复杂了。这时,它指的就是为了找到一种可付诸书写的、有所依凭的神话版本,而对该神话的诸多版本所进行的筛选与整合。即便文段中并没有明确的表达,但是整个语境则表明了这层意思。

话说回来,不得不承认 *muthologeō* 当属名词 *muthologos* 最为重要的衍生词了,在被广泛确定为系柏拉图真迹的作品中,它出现了十五次之多:

出 处	语 态	主 语	格	词性
《高尔吉亚》493a5	主动态	(蒂谟克勒翁)	宾格	f/n
《高尔吉亚》493d3	主动态	苏格拉底	宾格	N
《法义》卷三 682e5	主动态	拉山岱蒙人	宾格	f/n
《斐多》61e2	主动态	不定	Peri+属格	f/n
《斐德若》276e3	主动态	(智者)	Peri+属格	f/n
《理想国》卷二 359d6	主动态	不定	宾格	f/n
《理想国》卷二 378d9	主动态	不定	En+*muthōi*	f/n
《理想国》卷二 378e3	被动态			f/n
《理想国》卷二 379a2	主动态	诗人		f/n
《理想国》卷二 380c2	主动态	不定		f/n
《理想国》卷二 392b6	主动态	诗人+*logopoioi*	宾格	f/n

---

① 《蒂迈欧》23a5-b3。

附录二 "MUTHOS"的衍生词以及柏拉图著作中由
"MUTHOS"构成的复合词

(续表)

出处	语态	主语	格	词性
《理想国》卷三 415a3	主动态	城邦建立者		f/n
《理想国》卷六 588c2	主动态	(苏格拉底)	宾格	f/n
《理想国》卷九 588c2	被动态		不定式	f/n
《蒂迈欧》22b1	主动态	梭伦	hōs+直陈	N

缩写:f=fabrication(创制);n=narration(讲述)。

在另外两篇真伪性待定的柏拉图作品中,这个词还出现过两次:《大希庇阿斯》286a2;《第八封信》352e1。

在前十五次出场中,有九次都是在《理想国》中,且其中近百分之五十是出现在卷二与卷三。十五次中的十三次,muthologeō 都是以主动态出现的;且总体而言,其直接宾语都以宾格形式出现。只有两次(《斐多》,61e2;《斐德若》,276e3),muthologeō 是由 peri 与属格引入的。En muthōi muthologountes(《理想国》卷二,376d9)这个冗繁的结构十分有趣,也值得我们的注意。最后,muthologeō 也可以主导由不定式(《理想国》卷九,588c2)或 hōs 及直陈语气(《蒂迈欧》,22b1)引导的分句。

在上述的绝大部分例子中,muthologeō 都表示"在神话中(或以神话的形式)讲述(或提及)某事":这个短语不仅仅有讲述的意思,同样还有创制神话的意思。几乎在每一个例子中,这种暗含的语义都比较容易为人察觉;只有两个地方除外(《高尔吉亚》,493d3;《蒂迈欧》22b1),这些时候 muthologeō 看起来只具有讲述的意涵。

不过,假如我们看一下这个动词所搭配的主语,在考察柏拉图对 muthologeō 词语的使用时,我们就不得不将"创制"的含义考虑在内了。在《高尔吉亚》493a5 中,主语是蒂谟克勒翁(Timocreon),他是公元前五世纪的一位诗人;在《理想国》卷二 379a2 中,主语是诗人们;而在《理想国》卷二 392a6 中,主语则是诗人们,以及创制话语的人们。

其中最后一个例子尤其耐人寻味。在这里,我们有两个主语,即诗人们以及创制话语的人们,它们分别对应了两个动词:歌唱与讲述神话。在这里,神话对应着诗人们创制的话语之内容,而这种话语的形式则与歌曲相关,这正是属于诗歌领域。与此类似,我们或许还会注意到,作为这个动作之对象的话语,就可能是韵文或诗句(《理想国》卷二,380c1-2)。除此之外,诗人进行创作时必须遵守一定的规范,它们具有法律的形式(《理想国》卷二,379a1-4);在这一段话中,*poiēteon muthous* 代替了 *dei muthologein*,这很明显地告诉了我们,这个动词性复合词具有"创制"的意味。最后,在《法义》卷三 682e5 中,我们会注意到一个短语,*muthologeite te kai diaperainete*,柏拉图似乎想要明确地告诉我们 *muthologeō* 与"创制"相联系,于是他将这个词与另一个仅表示讲述的动词——*diaperaino*,"讲述,直到结尾"——放在一起使用。

Muthologeō 与 *muthologos* 及 *muthologia* 一样,在语义上具有一定的模糊性。事实上,"在神话中(或以神话的形式)讲述(或提及)某事",在绝大多数时候,也是在话语之内容的层面上,创制一则关于"某事"的神话。

我们还应该注意一下,*muthologeō*(《理想国》卷二,378c4),这个动词性形容词从词义到词形皆源自 *muthologeō*;除此之外,*diamuthologeō* 一词也出现了三次(《申辩》39e5;《斐多》70b6;《法义》卷一,632e4),这是 *muthologeō* 的另一个动词性复合词。

我们要考察的最后一个词语是 *muthologēma*,一个名词性复合词。古希腊语发展了古印欧语系的习惯,后缀 *m*＋鼻音构成中性词词尾:-*ma* 对应着拉丁语中的-*men*,梵语中的-*man*,及印欧语系中的-*mn*。这个词缀通常加在动词的词干后面,可构成一个新

附录二 "*MUTHOS*"的衍生词以及柏拉图著作中由
"*MUTHOS*"构成的复合词

的动词性衍生词,表示该动作造成的结果。另外,正如尚特莱纳(P. Chantraine)注意到的那样,这也可能是以-*eo*结尾的自名词派生出来的动词衍生出来的结果,这些词通常以-*ēma*结尾。现在,通过 *mutbologēma*,我们就可以在词形与语义两个层面上检验一下刚才的说法。事实上,*mutbologēma* 的两次出现(《斐德若》229c5;《法义》卷二,663e5)似乎都应是衍生自 *mutboloeō* 的,它指"在一则神话中讲述某事这一动作所造成的结果",也即"一则神话所讲述的东西"(what is told in a myth)。让我们分别来看看这两个例子。

首先是在《斐德若》中,*mutbologēma* 指涉了波瑞阿斯(Boreas)对俄瑞堤亚(Orithyia)的绑架:

> 斐德若:告诉我,苏格拉底,这不正是人们所传的波瑞阿斯从河边将俄瑞缇亚掳走的地方吗?
> 苏格拉底:是的,故事里是这么说的。
> 斐德若:是否正是这个地方呢?你看那河水的确清如许;这确乎是姑娘们戏水的地方。
> 苏格拉底:不是的,还要往下走个四分之一里,你前往阿格拉的圣所要穿过的地方;我想在那附近有一个波瑞阿斯的祭坛。
> 斐德若:我还从来没有注意过,不过,你老实告诉我,苏格拉底,你是否相信人们在这个神话中所说的(*touto to mutbologēma*)是真的呢?

关于波瑞阿斯将俄瑞缇亚掳走一事,至少有两个版本的神话。而接下来的对话告诉我们,这个神话是寓意解读法的对象。换言之,*mutbologēma* 指的是一个已经被铺陈开,或者已经得到了一定解读或阐释的神话。

在《法义》中，情况也差不多，其中 *mutholgēma* 指的是从卡德莫斯播种的牙齿中生长出来的斯巴托伊人神话——《理想国》卷三 414d-e 中也提到了这则神话：

> 雅典人：那么，你觉得关于西顿人的那则神话（*to men tou Sidōniou muthologēma*）怎么样——能否轻易地说服别人呢？我们有许多这样的神话。
>
> 克里尼亚斯：神话？哪一类？
>
> 雅典的异乡人：他们说牙齿被播种在大地上，然后全副武装的人们就从中生长了出来。这对立法者来说是一个很好的例证，它说明年轻的思想可能相信任何事情，只要有人有心去说服他们。因此，立法者应当仔细甄别，去发现那些说服才是对城邦最有利的，然后想尽一切办法、动用一切手段去保证，这种人应当采取始终一致的方式，无论是在歌曲、神话，还是在话语中。①

与在《斐德若》中一样，*muthologēma* 在这里也确切地指一则神话。且这则神话已经被专门叙述过，即让城邦公民们相信他们拥有共同的起源，从而告诉公民们，捍卫这片他们出生的土地，是他们共同的责任。

简而言之，*muthologēma* 指的就是 *muthologeō* 这一动作的结果。在柏拉图的著作中，这个词还表示，它所指涉的神话，已经得到了讲述或解读。

由于这个词指动词 *muthologeō* 行为的结果，所以，虽然柏拉图并没有明确地指出，但 *muthologēma* 与 *poiēma* 确有相似之处。从这个角度出发，我们可以得到下表的对应关系：

---

① 《法义》卷二，663e5-664a7。

附录二 "MUTHOS"的衍生词以及柏拉图著作中由
"MUTHOS"构成的复合词

Muthologos	*Poiētēs*
Muthologikos	*Poiētikos*
Muthologia	*Poiēsis*
Mutholegeō	*Poieō*
Muthologēma	*Poiēma*

上表右半边所列词语指在内容上和话语的形式上进行创制，而左半边所列词语也包含话语之创制的含义，但是仅限于内容的层面上。除此之外，它们还具有讲述的意思。这是因为我们面对的背景是口传文明，而对于创制话语而言，尤其是创制神话而言，讲述是必不可少的。

最后，我们还应该注意一下复合词 *mutheomai*，"说，讲述"。这个动词来源于 *muthos*，只在诗人的作品中出现过。所以，在柏拉图的所有作品中，它仅在对话引用《伊利亚特》时（《克拉底鲁》428c4-5＝《伊利亚特》9.644-45）出现过一次。

另一方面，在柏拉图的作品中，一个或直接或间接来源于 *mutheomai* 的词语——*paramutheomai*，"劝诫，鼓励（动词）"——出现过许多次：《克里底亚》108c7；《欧绪德谟》277d4，288c4；《伊翁》540c5；《法义》卷一 625b6，卷二 666a2，卷九 854a6，卷十一 928a1，卷十二 944b3；《美涅克塞努》237a1，247c5；《斐多》83a3，115d5；《政治家》268b3；《普罗泰格拉》346b4；《理想国》卷四 442a2，卷五 451b1，476e1，卷六 499e2；《智者》230a2；*paramuthēteon*（动词性形容词形式），《法义》卷十 899d6；*paramuthia*，"劝诫，鼓励（名词）"：《欧绪德谟》290a4；《法义》卷四 720a1；《理想国》卷五 450d9；《智者》224a4；*paramuthion*，"劝诫，鼓励（名词）"：《克里底亚》115b4；《欧绪德谟》272b8；《法义》卷一 632e5，卷四 704d8，705a8，卷六 773e5，卷九 880a7，卷十 885b3，卷十一 923c2；《斐德若》240d4；《理想国》卷一 329e5；以及 *aparamutheō*，"无力劝诫"：《法义》卷五 731d3。

由于上述词语的含义并没有超出 *muthos* 的本义,"表达自身的思想,意见",因此,除了 *paramuthia* 与 *paramuthion* 之外(见第十一章与第十三章),本书并没有过多地讨论它们。

附录三 柏拉图、古希腊神话中角色及事物的专有名词

在被公认为真作的柏拉图作品中,有二百六十个专有名词与古希腊神话中的角色和事物有关。列入下表。关于这些名字的使用,参见布兰德伍德(L. Brandwood),《柏拉图词典》(*A Word Index To Plato*)。

Abaris	Aphrodite	Centaurs	Elasippus
Achelous	=Ourania	Cerberus	Endymio
Acheron	=Pandemonian	Cercyon	Epeus
Acherusia	Apollo	Chaos	Ephialtes
Achilles	Ardiaeus	Charites	Epimerheus
Admetus	Ares	Charybdis	Er
Adrastia	Aristodemus	Chimera	Eraro
Aeacus	Artemis	Chiron	Erectheus
Aegina	Asclepius	Chryses	Erichthonius
Aegyptus	Astres=Stars	Chrysippus	Eriphyle
Aeneas	Astyanax	Clito	Eros
Aegyptus	Atalanta	Clotho	Erinyes
Agamemnon	Are	Cocytus	Erysichthon
Aidos	Athena	Codrus	Eumelus=Gadirus
Ajax	Arlas	Curetes	Eumolpus

(续表)

Alcestis	=Tiran	Creon	Eurypyle
Alcinous	=King of	Cresphontes	Eurysthenes
Amazons	Atlantis	Cronos	Evaemon
Ammon	Atreus	Cylopes	Evenor
=Thamous	Atropos		
=Zeus	Autochthon	Daedalus	Gadrius=Eumelus
Amphion	Autolycus	Dardanus	Gaia(Ge)
Ampheres	Azaes	Demeter	Ganymede
Amphirryon		Deucalion	Geryon
Amycus	Boreas	Diaprepes	Giants
Amyntor	Briareus	Dike	Glaucus
Ananke		Diomedes	Gorgons
Andromache	Cadmus	Dione	Gyges
Antaeus	Calliope	Dionysus	
Anrenor	Ceneus	Dioscuri	Hades
Antilochus	Cecrops	Doris	Harmonia
Hecamede	Merion	Pelops	Sisyphus
Hector	Metis	Penelope	Spercheus
Hecuba	Minos	Penia	Sphinx
Helen	Mnemosyne	Persephone	Styx
Helios=Sun	Mneseus	Phaethon	
Hephaestus	Mormolyce	Pharmacia	Tantalus
Hera	Musaeus	Phemius	Tartarus
Heracles	Muses	Pherrephatta	Telamon
Hermes	Myrina	=Persephone	Telephus
Hestia	Myrtilus	Phix=Sphinx	Temenus
Hippocentaurs		Phoenix	Terpsichore
Hippodamia	Neirh=Athena	Phorcys	Tethys
Hippolyrus	Nemesis	Phoroneus	Thalia

(续表)

Hydra	Neoptolemus	Pirithous	Thamus=Ammon
	Nereids	Pluto	Thamyras
Iapetus	Nestor	Polydeuces	Thaumas
Ilithyia	Ninos(Assyria)	Polhymnia	Themis
Inachus	Niobe	Poros	Theoclymenus
Iolaus		Poseidon	Theodore(of Samos)
Ion	Oceanus	Priam	Thersites
Iphicles	Oeagrus	Procles	Theseus
Iris	Oedipus	Prometheus	Thetis
Isis	Olympus	Proteus	Theuth
	Orestes	Pyriphlegethon	Thyestes
Lachesis	Orithyia	Pyrrha	Tiresias
Laius	Orpheus		Titans
Lethe	Otus	Rhadamanthus	Tityus
Leto	Ouranos	Rhea	Triptolemus
Leucippe			Tyche
Ligurians=Muses	Palamedes	Sarpedon	Typhon
Lotophages	Pallas=Athena	Satyrs	
	Pan	Scamander	Ulysses
Marcareus	Pandorus	Scamandrius	Urania
Machaon	Panopeus	=Astyanas	
Marsyas	Parcae	Scylla	Xanthus
Madea	Patrocles	Selene=Moon	
Melanippe	Pegasus	Sileni	Zalmoxis
Menelaus	Peleus	Simois	Zethus
Menoetius	Pelias	Sirens	Zeus
Mestor			

还有十六处人名与专有名词出现在被大多数学者认为的伪作中，

Achaemenes	Europa	Ormazes	Polyidos
Agamedes	Eurysaces	Perseus	Talos
Amphiaraos	Laomedon	Phtia	Tityos
Athamas	Lynceus	Pleiades	Trophonios

其实我们还可以在这份列表中加入许多建立了城邦的英雄后裔，以及其他在神话中出现的名字。除此之外，柏拉图还提到了一些在古希腊神话传统中非常重要的主题：族（黄金一族，白银一族，青铜一族，以及黑铁一族）、福岛（the Isles of Blessed）、死后审判、克洛米翁之种（Sow of Crommyon）、阿多尼斯的花园（the gardens of adonis）等等。最后，需要注意的是，还有许多柏拉图没有直接道出名字的、对神话人物事物的暗示，这份清单并没有将它们考虑在内。

附录四 《法义》中的神话与序文

	出 处	法 律	序 言	神 话
1	卷六 771c1	宗教节日的组织（771c-d5）	根据十二位主神将5040个家庭划分为十二个部分（771a5-c7）	背景参考与十二位主神相关的神话
2	卷六 773b4	婚姻（772d5-e6）；另可参见卷四 721b1-3	辩护（772e7-73e4，另可参见卷四 721b6-d6）	或与宙斯及赫拉的"典范"婚姻有关
3	卷七 790c3	身体的教育：没有真正的法律（790a8-b6）	描述了对幼孩的照护（788a1-90c3）	背景参考库瑞忒斯（Corybants）（790c5-e4）
4	卷七 804e4	对女人的教育（804d6-e1）	借助例子的辩护（804e1-806d2）	直接参考亚马逊人
5	卷七 812a2	文学研究（809e2-10c4）	对传统文学课程的谴责（810c5-12a3）	背景参考文学研究之本质的构成神话
6	卷七 840c1	关于性的法律（841c8-e4）	关于性的问题（835c1-41c8）	古希腊传统神话
7	卷八 841c6	关于性的法律（841c8-e4）	部分序言关于如何监管两性之间的事务（839e5-41c8）	841b-c2 与一则神话相关

(续表)

	出处	法律	序言	神话
8	卷九 865d5	谋杀罪（865d3-5, 865e6 sq.）	通过讲述神话为这则法律辩护(865d5-e6)	枉死之人回到人间的神话
9	卷九 872e1	弑父罪（873b1-c1）	通过讲述神话为这则法律辩护（872c7-73b1）	来自古代祭司们的神话(872e1-73a3)
10	卷十	诸神的存在（907d4-909d2）	关于诸神存在的序言(887c5-99d3)	古希腊传统神话
11	卷十 903b1	神意（907d4-909d2）	关于神意的序言(899c5-99d3)	克罗诺斯及《蒂迈欧》中的德穆格治下的黄金时代
12	卷十一 913c2	发现珍宝（913c3-d8）	序言关于发现珍宝后占为己有之人子孙后代的果报(914a1-c3)	古希腊传统神话（927a1-3）
13	卷十一 927c8	孤儿（927c7-928d4）	序言对于那些关于孤儿的不义行径发出警告	死后生活神话（927a1-c3）
14	卷十二 944a2	弃绝武器（944b4-45b1）	序言关于禁止个人拥有武器的原因(943d4-44b4)	帕洛斯与阿基琉斯的武器[944a2-8；亦可参阅 944d5-7 凯纳斯(Caeneus)的典故]

跋:神话与知识[①]

越是深入地回到古希腊,我们就越会发现,人类的知识——无论是实践知识,还是理论知识——其发源都与诸神有关。在几个世纪中,人们无论是通过观察以坚实知识,抑或是依靠实验验证知识,都不曾打破知识与诸神之间的联结,直到古代末期,这种联结已经成长得更加茁壮。

神　话

在古希腊,直到柏拉图的时代,*sophia* 一词才被赋予其意义,此前,它在自然世界并没有任何特殊的意涵。*Sophos* 意味着可以自主地行动,可以掌控自己和他人;因此,木匠,船长,医生,政治领袖,水手和诗人(尤其是诗人),都可以谓之 *sophoi*。拥有这类知识的人,都将这种知识回溯到诸神身上,诸神启发了他们,宣示出了知识的秘密。总而言之,所有知识都以这样或那样的方式起源于某位神——无论是那些由集体成员所共享的常识,抑或是那些与

[①] 译自"Myth and Knowledge", *Greek Thought*: *A Guide to Classical Knowledge*, eds. Jacques Brunschwig and G. E. R. Lloyd, trans. Catherine Porter, The Belknap Press, 2003, pp. 39—49。

技艺相关的特殊知识,都无例外。

由于柏拉图将诗人视作摹仿者,他认为诗人在自己的作品中再现各种各样的活动,就好像他们自己是活动的主体;所以他将荷马称作希腊的"教师",认为荷马在道德、法律甚至技艺(《理想国》卷十,606e-607a)方面都表现出权威。柏拉图的确承认了荷马的重要性,但是他真正的意图却在于,揭示出荷马在教育方面造成的有害影响。然而,对于生活在古代的绝大部分希腊人而言,荷马以及其他诗人都是重要的传递知识的中间人——他们将古希腊共同视作历史的故事,或共同认可的价值广而传之。

缪斯赐予诗人灵感,并赋予他们可以进行持续创作的诗歌技艺;除此之外,缪斯偶尔还会以特殊的形式为他们提供帮助。《奥德赛》中对德谟多科斯(Demodocus)的描写表现出诗人持续不断地受到神的启发与引导:"请将神圣的歌手德谟多科斯唤上前来;此人的歌曲中蕴含着比他人更丰沛的神允的技艺,这技艺以某种方式点亮了他的精神,促使他歌唱"(《奥德赛》卷八,42—45)。缪斯也在某些特定时刻以直接的方式启发德谟多科斯:"他们放下自己饮食的渴望之后,足智多谋的奥德修斯便对德谟多科斯说:'德谟多科斯,在一切有死的人中,我最要赞美你,无论是谁教导了你,无论是宙斯之女缪斯,还是阿波罗'……而受神驱使的歌手则开始歌唱,让神的歌为人听见"(《奥德赛》卷八,487—489,499—500)。诗人从诸神那儿获得的援助无论是经常的,抑或是偶尔的,都可以表现出对某种外于人类意识的资源的依赖。这种援助分别具有认知的与实际的两种层面上的作用:缪斯一方面赐予诗人以知识,另一方面还让诗人具有了凌驾于其听众之上的权威。

荷马也曾向宙斯之女缪斯以及谟涅摩叙涅(Mnemosyne,记忆女神)祈愿,请求关于信息的启示。因此,在点船录的开篇,他请求道:"现在请告诉我吧,寓居在奥林匹斯上的缪斯——因为您是女神,您无所不知,而我们仅能听见些流言蜚语,一无所知——谁是达那奥斯人的领袖?"(《伊利亚特》卷二,485—490)无需赘言,他的祈愿万分急迫。在之后的266行诗中,诗人描述了二十九艘军舰,并事无巨细地介绍了每艘军舰从何而来,以及其将领的名字。

荷马请求缪斯赐予他关于过去的知识,他将这种知识与无知相对立;而赫希俄德则在《神谱》中,将缪斯视作掌管真实与谎言之神,因为她们让人类得以接近真正的知识,并规避虚假的知识。品达亦然,他也称缪斯赐予了他特殊的知识,就像她们赐予伊比库斯(Ibycus)与巴库里德斯(Bacchylides)的一样。品达甚至比赫希俄德更进一步,他坚称他获得的是关于这种知识的真理,因为他深深地意识到诗歌(《奥林匹亚颂歌》,《尼密阿颂歌》)也可能传递谎言。

无论缪斯赐予诗人们的知识与真理有怎样的联系,这些知识都是源自记忆女神的(《神谱》)。这就是为什么谟涅摩叙涅总是被视作缪斯们的母亲。即便在《伊利亚特》中,缪斯们也与记忆有着密切的联系;可见这是一种由来已久的传统。诗歌中所蕴含的记忆究竟有何特征?有些人认为诗歌是一种预言天赋——柏拉图就持这种观点;而赫希俄德与荷马则并不认可。对后者而言,诗人并非见证往事之人,缪斯们才是,缪斯们虽将自己的知识传递给诗人,但并没有让诗人亲眼看见自己诗中所述之事。那么,缪斯们看见的是什么呢?在《伊利亚特》及《奥德赛》所描述的口传文化中,对于忠实的古代诗人而言,记忆首要的作用是保存集体之中那些杰出之人的荣耀。诗人的任务在于,根据集体的决定,将过往之事值得纪念的那个侧面流传下去。换言之,社会利用诗作,向自身展现出自己所选择展现出来的模样。

从技术的角度说,记忆也是诗人用以创作诗歌的工具。就史诗的结构而言,诗歌的大部分章节都要求诗人牢记整套的格律及词群以进行建构。这样一来,对诗人而言,灵感与技巧之间就没有矛盾了——柏拉图也这么认为;前者其实为后者提供了原材料。倘若我们将诗人的知识仅仅看作一种精湛而熟练的交流方式,那么这种知识也就是一种专门的技艺,它和预言家,立法者,政治家技艺,以及 demiourgoi(工匠)的技艺并无二致。

在古希腊,三位摩伊拉(Moirai,moira 的拟人化,指每个凡人应得的寿命),宙斯与忒弥斯(Themis,宇宙正义之神)之女,掌管着每个凡人的人生,从出生至死亡。克洛索(Clotho),拉克西斯(Lachesis)与阿特洛波斯(Atropos)三姐妹共同承受着这项责任,她们编织、缠绕、裁剪凡人脆弱的生命之线。即便宙斯作为更强大的神祇,深悉未来的知识,他亦无法篡改命运的进程。过去、现在以及未来都被命运无情地缠绕在一起,正因如此,预言家才有用武之地,但是他的技艺完全依赖于神的善意。

预言家(seers)、先知(prophets)、女预言家(sibyls)以及神谕者(oracles)持续不断地参与古希腊的宗教生活;这就是为什么德尔斐的神谕在古代世界有着超然的地位。除此之外,有许许多多的词汇用以区分预兆(omen)与神谕(oracle)。任何来自神的信号都可以称作 *semeion*,这个词的字面意义即是"信号";但是,若要解读这些信号,则需要预言家、解经家或先知等具有专门知识及技巧的人的工作。

阿波罗的神谕也好,其他神谕也罢,向诸神寻求启示往往需要遵循一定的规则,这些规则源远流长,它们使得凡人的占卜活动表现出一种整体上的统一性与效用。本来阿波罗只是一年一度地在德尔斐神庙赐予神谕,但是渐渐地,神谕变为一月一度——除了在冬月,神谕会暂停一月,人们认为在这个月中,神暂时地离开了自己的人民。向神寻求启示时,问题可以来自集体与城邦,也可以来自个人。求神谕之前必须沐浴洁净,最大的过错莫过于以不洁净的模样出现在神面前了。皮提亚(Pythia)的答案往往必须经由解读者们进行阐释。

占卜知识既然背负着在群体及个人的未来、现在与过去,那么它自然而然地与立法者和政治家的知识有着紧密联系。依靠于法律体系的建立,我们得以组织社会生活,而对社会生活的管理则依赖于持续不断的决策(这些决策会以各种方式对未来发生影响),以及关于过去的知识(这些知识可以为一些灾难提供解释)。决策与知识是如此重要而又复杂,因此,在古希腊,它们常常被认为需要神的参与。

纵观整体神话传统,往往会表现出正义与某种形式的神意总是并行不悖。米诺斯国王(King Minos)在艾达山(Mount Ida)的一个山洞中被宙斯抚养成人,往后每过九年,他都会回到洞中与主神相会,磋商政事——这就是一个完美的例子:米诺斯是克里特第一位王,他的统治公正,有口皆碑,且他还颁布了一套卓越的法律。除此之外,政治权利与形形色色的占卜术之间还有诸多相似之处:在底比斯[帕萨尼亚斯(Pausanias),卷九,26,3]与斯巴达[希罗多德(Herodotus),卷六,57],皇室小心翼翼地供奉着一群神谕者,他们对国家大事有着重要的影响力。即便有的国家没有君主,由政府把持朝政,它们仍然会保有占卜的传统。总而言之,根据这种传统,种种政治形式,甚至一些司法惯例,都与占卜知识有着莫大的关联。

当个人或群体的命运总是被灾厄打断,事物的往常秩序便受到了挑战。在危急关头,人们会向一些"专家"求助,他们即便不能一劳永逸地解决问题,也能够帮助人们识清问题所在。在宗教领域,个人宗教仪式的角色,显然与公元前6至前5世纪整个社会所发展出的样态有关。秘教(Mysteris)是自发的、私人的、隐秘的,它通过某种宗教经验来改变人们的精神状态。

秘教是个人宗教的一种形式,它依赖于个体,旨在通过亲近神来获得精神上的福祉。但是,不管我们如何深入地研究秘教,也切不要忽视它宗教生活的一面,虽然它看起来更为质朴。秘教的背景是一种形式迥异的个人宗教,是一种随处可见、至为基本、而又切切实实的实践活动:向诸神许愿。

人们罹患疾病、处在危险、紧急之时也好,坐拥家财之时也罢,都会向诸神祈愿,并通过供奉礼物以表达对神祇的尊敬。这种现象是如此普遍,以至于我们对之熟视无睹,鲜少深入地讨论它们。可以说,"祈愿"是人类面对不确定或危机四伏的未来时的一种重要策略。

秘教活动的组织似乎至少有三种主要的形式:隶属于某圣所的祭司[依洛西斯(Eleusis)、萨摩色雷斯(Samothrace)];具有某种信仰的宗教组织;以及游走传教的普通人、宗教的践行者,还有一些具有神奇能力的人物。最后一种形式体现在关于先知墨兰普斯(Melampus)、卡尔克斯(Calchas)、墨普索斯(Mopsus)的神话中;在古代早期,秘教的代表人物是恩培多克勒(Empedocles);而在古代后期,秘教的代表人物则是地亚那的阿波洛尼乌斯(Apollonius of Tyana)以及阿般尼忒格斯的亚历山大(Alexander of Abonuteichos)。

在古希腊,就连关于手工艺的知识也被视为神圣的礼物,这些知识总是与诸神有着千丝万缕的联系。所谓联系,并不仅仅指"教授",它在许多层面上都有所表现。拿制陶术与冶金术举例,这些技艺都能追溯到神身上,最初这种技艺由某位神掌握。除此之外,身怀技艺的人们还会将这位神当作守护者,他会让这门技艺秘不外传,不为其他群体窃取,冶金工匠们崇拜罗德岛的忒尔科涅斯(Telchines at Rodes)和利姆诺斯岛的卡比里(Cabiri at Lemnos)就是很好的例证。最后,神还会保证技艺的有效性,譬如,烧制物品时,制陶匠们就会向雅典娜祈愿,请求她"将手置于在炉窑之上"。女神代表着炉窑火焰正旺、陶艺品正好被完美烧制而成的那一精确时刻。她的作用在于为匠人们赶跑那群在炉窑附近转悠的精灵,人们用描述性的名称称呼这些精灵:破碎者、断裂者以及爆破者。

在这一类神中,数赫淮斯托斯(Hephaestus)与雅典娜两位神最为典型。在《伊利亚特》中，赫淮斯托斯首先是诸神的斟酒人，是锻造与裁缝的宗师，但他更是火的掌控者——我们都以这种元素为其命名，称其为火神。

赫淮斯托斯固然是火的掌控者，但是他只掌控特定类型的火——工匠们所使用的技艺之火。其他火种则掌握在其他神手中，譬如，灶火就由赫斯提（Hestia）掌握，星辰之火则由宙斯点亮。这么说来，赫淮斯托斯仅仅掌控着锻造之火。烘烤陶土的火种则属于普罗米修斯，这或许与他生为"提坦"有关——生石灰（quicklime），土与火的混合物，就来源于 titanos 一词（亚里士多德，《天象论》卷四，11，398a28）。除此之外，赫淮斯托斯的火仅仅用来锻造一些诸如金、银、青铜、黄铜等的贵金属，而用来锻造日常金属工具的火则由达克提利（Dactyls，手指）负责，因此他也常被人称作 Akmon（铁砧）、Damnameneus（锤子）以及 Kelmis（铸铁）。艾达山的达克提利来自弗里几亚（Phrygia），这个地方有着非常悠久的使用"铁"的历史，当地的冶金业也名声在外。无论对达克提利，还是对赫淮斯托斯而言，冶金与魔法都是不可分离的。除了达克提利之外，赫淮斯托斯还与其他的神话人物关联紧密，他们都将冶金术与魔法合二为一：罗德岛的精灵忒尔科涅斯（肖似水獭），以及利姆诺斯岛的卡比里（形同螃蟹）。

如此看来，赫淮斯托斯是一位专事高贵金属的神祇了。作为一位冶金匠，他能够将金属焊在一起，也能够将它们分开，但他的所作所为更多地与魔法有关，他能够用无形的锁链将人或神困住：譬如，他曾将赫拉缚在王座之上（柏拉图，《理想国》卷二，378d），还有一回，他撞见阿瑞斯（Ares）与阿芙狄洛特正在通奸，便用一张无形的网将他们困住（《奥德赛》，卷八）。赫淮斯托斯既然有绑缚的能力，便也有将这绳索解开的能力——他曾经偷偷释放自己的母亲，让她重回奥林匹斯。后一桩事迹显然更为人称颂，即解放本应该不动的事物，赋予其运动。赫淮斯托斯曾按自己的心意用黄金造出两名仆从,她们就宛如活人一般在他的船中服侍;他的锻炉中有一只风箱,毋须任何动作,这风箱便可鼓风;除此之外,他还造了一只三足鼎,这鼎也是完全自动的(《伊利亚特》,卷十八)。

和赫淮斯托斯一样,雅典娜也在技艺之神中有着举足轻重的地位,她的名字有时与赫淮斯托斯联系在一起,有时也单独地出现。她有纷纷繁繁的面向:她手持宝剑与宙斯的大盾,是一位战争女神,同时她也是木匠的保护者,是挽具与车辄的女主人,还是船只的向导;她是织艺与陶艺的守护神,还是耕犁的创造者。雅典娜的母亲是墨提斯(Metis),这位女神曾是宙斯的妻子,后来宙斯为了吸收她的神灵将她吞入腹中,雅典娜从母亲那儿继承到非凡的品质,无论在哪个领域出现,她总是展现出手工上的灵活敏捷与无比的实践智慧。由于雅典娜是木匠的保护神与女主人,在人们的想象中,她总是静谧而亲切的,但是这位女神实际上好胜心极强。譬如,那位不够明智的阿拉喀涅(Arachne)因为织物过于完美,而不得不眼睁睁看着它被雅典娜撕毁,自己也被女神变为蜘蛛(奥维德,《变形记》卷六)。

除了这两位杰出的技艺之神之外,在希腊神话的诸名流之中,也不乏以精巧手艺著称的英雄。譬如,奥德修斯(Odysseus),以及厄帕俄斯(Epeius)、帕拉默德斯(Palamedes)、狄德罗斯(Daedalus)等被冠以"首创人"之名的能工巧匠。这些人虽然都是有死的凡人,但是他们的智慧与实践技艺却远超常人。以狄德罗斯为例,他是艺人与匠人的原型,他的家谱无比清晰地展现出能工巧匠的双重面向。

绕 到 理 性

在公元前六世纪前后,渐渐涌现出一些反对的声音,它们以思辨思想为名义直指宗教信仰、巫术魔法,这些反对的声音大部分都围绕着"自然"(nature)与"因果"(causality)两个概念,并主张从观察中得出结论。

对于医生,以及其他此类的专家而言,"自然"(physis)就意味着内在的、连续的因果关系。因此,虽然程度深浅不一,但他们对待打破因果规律的超越的神以及"超自然"力量都持否认的态度。在他们那里,"观察"取代了对神的祈求,这促使他们发现了因与果的联系,再通过一些原始而粗糙的实验,他们又进一步地确认了这种联系的可靠性。

在爱奥尼亚,人们思索"自然",是为了解释事物是怎样的,与此同时,也是为了在不借助传统诸神的情况下,对世界、人类、社会的形成历程进行描述。

除了高尔吉亚(他留下了《论自然》,并在其中讽刺了芝诺与巴门尼德)之外,其他智者都未能流传下完整的作品,但他们的思想似乎无不聚焦于语言与人类的制度。他们使用了一种名为"修辞学"的新技艺,与诗人们激烈地角逐为人类传播常识的荣誉:"智者(sophist)"一词就来源于 sophos,其本义是"聪明、明智"。智者们在城邦之间游历,并利用自己的修辞技艺赚取高额的学费,这些新兴的言辞教师们往往还认为激发学员的政治野心是自己莫大的成功。在普罗泰格拉、高尔吉亚、凯奥斯岛的普罗狄克斯(Prodicus of Ceos)、希庇亚斯(Hippias)这些大师之中,柏拉图曾在《小希庇亚斯》中对希庇亚斯进行过详尽的描述,他称这位智者代表了渊博知识的最高理想,这些知识近乎于技艺,却于诸神无干。在古希腊语中,thekhne(技艺)一词指某种意义上的技能,这种技能不同于非专业的技能,是因为它依赖于一种既定的规则,这些规则建立在因果关系之上,从而拥有了一贯性,其产品能够由理智来评判估价。

如果我们将这些尝试置于一种普遍的视野下进行比较,一个不那么专门性的知识领域将渐渐浮现,它们不约而同地鼓吹着自己的自主权。这些知识都依赖于复杂而精巧的思考,而这些思考无不面向观察;另外,这些知识还时不时地使用验证之技艺。

《论癫痫》(公元前五世纪后期)一书的作者,他所持有的微妙态度宛如一张剪影,很好地表现了那一时期古希腊人对此所发生的态度上的转变。一方面,他使用了论述的方法,这种方式在后来经亚里士多德、斯多葛学派之手变得体系化。另一方面,这位作者相信"自然"具有由因果关系串联起来的某种一致性,这种一致性可以经由观察而辨别出来,还可通过验证而"证实"。另外,他还拒不相信任何神圣力量的介入或许会打乱这种因果关系。和其他自然事物一样,疾病也是有其原因的,而医生若要治愈疾病,就必须去发现这一原因。这样一种态度在后来渐渐地被许多希波克拉底学派的著书者所共同分享。

似乎早在公元前五世纪,就有人将"解剖"付诸实践,第一个这么做的人或许是阿尔克迈翁(Alcmaeon)。还有希波克拉底派的一些学者,以及稍晚一些的亚里士多德也都印证过解剖的使用。但是,解剖在此时并没有得到广泛的使用,它也尚未得出什么有意思的结论。直到公元前三世纪的赫洛菲拉斯(Herophilus)与埃拉西斯特拉图斯(Erasistratus),这两人开始将神经组织与其他组织区分开,并对神经组织进行了进一步的细分。这段历史为我们展示了实证技艺在解剖学问题与生理学问题上的成功运用。两个障碍却使得这一进程放缓了步伐:首先是大众的抵触情绪(亚里士多德,《论动物的部分》,645a. 28ff);其次,成功的解剖不仅仅需要主刀者的耐心、细致、灵巧与熟练,最重要的是,它还需要主导者十分清楚自己解剖的目的。

我们不应当忘记,古希腊的哲学与科学所生长的土壤,仍然覆盖在尚未完全消散的传统思想的废墟之上。一个简单的例子,公元前五世纪过去很久之后,神庙医者(temple medicine)、治病术士(healers)、灵魂净化者(purifiers)仍然具有巨大的影响力,这一影响力甚至还呈现出持续扩大的态势。不过,得益于两件事情,"理性"医者与神庙医者之间的矛盾稍有缓和:一方面祭司们也使用药物、饮食疗法以及放血疗法;另一方面,一些"理性主义"医生也会使用一些具有宗教意涵的术语,譬如"净化"。

人对自己所栖居的这个世界有一定的了解,他们将所有这些已知信息记录下来,并聚集在一起,从而构成了一个独特的研究领域。关于这个领域的探索,似乎很早以前就开始了,据信,阿那克西曼德(Anaximander)是古希腊第一个绘制地图的人。不过,米利都的赫克特斯(Hecataeus of Miletus)才是真正开创这个传统之人,后来的希罗多德与修昔底德延续了这一传统,最后这个传统以希帕克(Hipparchus)、斯特雷波(Strabo)与托勒密(Ptolemy)等人为句点。在这些著述家之中,有很多人都描绘了万物的起源,他们大多从混沌时期讲起,因此书中甚至提到了诸神的起源。

为了区别于诗人,希罗多德不辞辛劳地为自己的讲述构想出细致的背景。他每每根据两种准则,体现其演说的合理性:对于他个人亲眼所见之事,他将其称作 *opsis*(观察)与 *gnome*(思想)(《历史》,99l);而对于从别处得知的事情,他则称其为 *historia*。使用这个术语,意味着对目击者保持怀疑,这尤其是因为向他提供消息之人几乎完全依赖于口头文化传统。而修昔底德虽在选择信息来源时更为苛求,但他并未将 *opsis* 与 *akoe*(听)(《伯罗奔尼撒战争史》,20—22)完全区分开来。修昔底德仅认同他自己亲眼所见,或者同时代人亲身见证之事是无可置疑的,经得住他再三的查验;至于那些听来的小道消息,他则认为并不可靠,因为既然没有合格的消息提供者,他便无法直接查验这信息的来源。话虽如此,他还是将米诺斯(Minos)视作一个真实的历史人物(《伯罗奔尼撒战争史》,4)。

在柏拉图之前,希腊数学家们的研究领域错综杂乱,我们可在两个世纪之后的《几何原本》(欧几里德著)中的只言片语中找到一些相关的描写。数学家们最初的兴趣大致分属于四个广阔的领域：(1)数论：将数字划分为奇数与偶数，对关于划分的基本命题之研究，对"形数"(figured number)的分类，以及借助于 gnomon 探寻这些数字的发源；(2)度量几何学，简单地说，即是解决与度量相关的问题，譬如计算某一区域的表面积；(3)非度量几何学，这一领域的几部典型著作都主要关于如下三个问题：化圆为方（[译按]即作一个与给定的圆面积相等的正方形），三等分角（[译按]即将任意角分为三等分），与倍立方体（[译按]即作一立方体，使其体积为已知立方体的两倍）；(4)音乐理论中的数学应用。

　　数学知识的应用对论证方法有着决定性的影响：前者一方面促使了"命题"、"论据"等概念的诞生，另一方面还促发了其关于基本原理问题的兴趣。我们或许还可以更进一步，数学在音乐领域与天文学中的使用还提出了这样一个问题：数学并不属于物理世界，但为何我们可以通过数学去理解、甚至改变物理世界呢？除此之外，天文学还展现出了一个令人惊讶的特点：在数学，这种顶尖科学的帮助下，它有可能使得那些表面上的不规律的事物（其程度低于月下事物）拥有完美的规律；这种可能性可以被看作是神性在物理世界的显现。

　　天文学尤其表现了理论之间的交集，其中既有数学知识的应用（尤其是几何学），又包含着观察。这种类型的研究在公元前五世纪就已经开始，梅顿(Meton)与游克泰蒙(Euctemon)系其开山之人。但是，直到柏拉图学园欧多克索斯(Eudoxus)的出现，天文学才找到了关于天体运动问题的通解。欧多克索斯提出了同心球理论(theory of concentric spheres)，后来这种理论也为卡利普斯(Callippus)及亚里士多德所接受，二人分别对它进行了修改。

　　希帕克曾用一个天体模型解释太阳与月亮的运动，后来，托勒密对这个模型进行了修改；这个模型是严谨的数学与经验观察完美结合的典型例子。但是，不管怎样，从托勒密的理论中，我们可以看出，比起实证基础，他更为信赖数学。虽说在那个时代，精准观测具有极大的困难，观测仪器并不可靠，缺少规范的度量单位，也没有相应的数制，但这些并不足以解释托勒密对数学的信赖。无论是在天文学，还是在解剖学中，观测都更多地用于阐释与支撑结论，而不是为理论提供验证。

除此之外，《欧庇诺米斯》的作者[可能是奥珀斯的菲利普(Philip of Opus)]认为，天文学起源于对天空的观察，应上溯到埃及人、巴比伦人与叙利亚人那儿去，他向我们揭示出，在古代的研究中，星象学与天文学相互交叉重叠，因此学者们的动机都是相当复杂的。对于绝大多研究者而言，研究星星并不仅仅是为了观测到天体运动的轨迹，同时还是为了预知大地之上将要发生的事情。

回到神话

从根本上说，古希腊科学的过人之处正在于它的形式技艺(formal techniques)——它既是辩证的，又是论述性的；为了建立起一个公理系统，并使数学成为理解自然现象的首要工具，古希腊人投入了莫大的精力。无论在研究领域，还是在实践领域，古希腊人对于实证方法也作出了十分重要的贡献；在历史与地理的领域，他们对资料的采集谨慎而详尽，之后，这项采集数据的工作还扩展到了医学的领域。

然而，归根结底，古希腊人的方法并不是完美无缺的。他们致力于使用数学的语言、在一个公理系统中寻找确定性，但是这种努力有时却令他们错失了实证内容。另外，"证据"与"实验"往往被用于对理论的阐释说明，而非验证。简而言之，仿佛是在竞赛(a-gon)之中，最后滋生出古希腊自然科学的基本框架。

这种理性层面的交锋让许许多多新的知识领域在古希腊诞生并成长，而这反过来鼓励人们开始对诗歌话语进行深入的反思。

之前，人们选择看见诗歌中积极的那一面。然而，公众们既然热衷于论据，一旦诗人们不再满足他们的期许，批评者们就会针对其作品的消极一面，这就成为审查的理由。从前，人们或许会将诗人视为一个不那么可靠的教师，而此时，诗人则会被视作诡计多端、道德败坏的骗子。

对这些逐渐成长起来的新知识领域中的绝大部分学者而言，似乎都没有必要再去关心神话，而历史学家与哲学家却是其中的例外，他们对待神话有一种微妙的摇摆态度：将神话传统占为己用，在这个基础上创作新的神话，抑或为原先的神话提供新的解读。

没有哪个哲学家的立场如柏拉图一样激进，他直言不讳地批判传统神话，并且拒绝接受任何形式的寓意解读。自相矛盾的事情是，柏拉图的哲学思想却是扎根于神话之中的（虽然未必是传统神话）。举例而言，理型论是建立在回忆说的基础上的，而在《美诺》中，后者则与宗教信仰紧密相连。另外，无论何时，柏拉图只要谈及灵魂，就总会使用神话，他自己编造的来世论神话数不胜数，在《高尔吉亚》《理想国》《斐德若》与《法义》中都可以找到。最后，每当柏拉图试图找寻宇宙、人类与社会的起源时，他也会回到神话之中，在《蒂迈欧》与《克里底亚》中，他都是这么做的。

其他哲学家与历史学家则与柏拉图不同，他们大多努力将传统神话"保存"下来；有一些神话表现出令人触目惊心的道德取向，或者因不符常识而显得荒唐，对于这些神话，学者们就试图发掘隐藏在神话字面意义之下的东西，最后，他们总能找到与当下的道德观、心理学，甚至物理学相一致的深意。总的来说，他们的工作无非是将神话中那些重要的、非同寻常的元素转化为哲学的术语。在后来的几个世纪中，人们用不同的名称称呼这种解读神话的路径，"寓意法"就是其中之一；我们至今仍使用着这些名称，用它们来指称不过多要求精确性的、纯粹实践层面上的理性。

在公元前六世纪,对神话的阐释曾一度繁荣,虽然在柏拉图与亚里士多德的时代已渐渐有人从事这项工作,但是最后神话阐释学通过斯多葛学派才达到其鼎盛的巅峰。斯多葛学派不单单使用道德解读法(将诸神与德性相关联)、心理学解读法(将诸神与心智机能相关联)、物理解读法(将诸神与元素、自然现象相关联),他们还使用了历史解读法。这种解读方法受到了游赫迈鲁斯(Euhemerus)的启发:他认为诸神与英雄的产生应归因于人类的神话,前者因曾为人类作出杰出的贡献而得到人们的纪念。

斯多葛学派对待神话的态度受到了来自伊壁鸠鲁派与新学园派的质疑。这两个学派对斯多葛学派的做法多番嘲讽——后者竟将诸神等同为平平无奇的物质实体或微小的凡人,而且还有将古代诗人等同于伪历史学家或伪哲学家的倾向。

但是,大约自公元前一世纪起,一场全新的阐释运动渐渐兴起,这场运动有着自己的分析路径,它将神话与秘教相结合,从而回应了这种反对——诸神将神话与秘教视作两种互补的手段,并同时使用它们以向虔诚的灵魂揭示真理。就神话而言,在那些书写下来的传奇故事中,处处弥漫着神启;而秘教则以活生生的场景再现这些神启。这样一来,宗教、哲学就与诗歌紧紧地系在了一起:神已然向诗人揭示过真理,诗人的任务是以特定的方式将这些知识传播出去,但是他应当保证,只有极少数配得上的人可以接受它。这就是为什么诗人总是让自己的言辞显得模糊暧昧,他们的领域是充满了神秘的,其中涉及到的一切事情都只能用奥秘与符号来解释——这和秘教如出一辙。诗人不再是述而不作的哲学家,他们竭尽所能却又小心翼翼地传播着通过哲学得来的真理,此时,他们已然是神学家了。

公元五至六世纪的新柏拉图主义也融入了这种信念,他们竭尽全力,想在柏拉图理论(他们眼中的"神学")与其他神学理论(包括希腊神学,也包括外邦神学)之间构筑联系。他们的努力总算赢得了圆满的结束:神话与哲学(普遍意义上的哲学及柏拉图哲学)一起,向我们传递出了一条单一的真理,这真理应到柏拉图、荷马、俄耳甫斯教、加尔底亚神谕中去探寻,这真理既是超自然的,亦与某些特定形式的实践的魔法不无关联。

  这来回的钟摆首先向我们说明的就是理性的力量与局限。理性的确是一种不可思议的工具,它仅仅需要寥寥几条原理,就可以推演出浩如烟海的命题。但是,这些原理有时却是专断的、不建基于理性之上的,理智所依赖的前提与价值因此仍然与自己相异。在古希腊世界,这种探求知识之本源、探索诸神的兴趣始终生生不息。

参考文献与研究

文本和译本

Homer. *The Iliad*. Trans. A. T. Murray, rev. William F. Wyatt. Loeb Classical Library.
———. *The Odyssey*. Trans. A. T. Murray, rev. George E. Dimock. Loeb Classical Library.

论 著

Brisson, Luc. *Introduction à la philosophie du mythe, I: Sauver les mythes*. Paris: Vrin, 1996.
———. "Mythes, écriture, philosophie." In *La naissance de la raison en Grèce*. Ed. Jean-François Mattéi. Paris: Presses Universitaires de France, 1990. Pp. 49–58.
———. *Plato the Myth Maker*. Trans. and ed. Gerard Naddaf. Chicago: University of Chicago Press, 1999.
Brisson, Luc, and F. Walter Meyerstein. *Puissance et limites de la raison*. Paris: Les Belles Lettres, 1995.

Detienne, Marcel. *The Masters of Truth in Archaic Greece*. Trans. Janet Lloyd. New York: Zone Books, 1996.
Lloyd, Geoffrey E. R. *Magic, Reason, and Experience: Studies in the Origin and Development of Greek Science*. Cambridge: Cambridge University Press, 1979.

后　记

　　2014年，吕克·布里松（Luc Brisson）访问川大期间，我们达成了翻译此书的工作计划。按照布里松先生的建议，综合法文第二版和之后的英文译本，有所取舍，还增加了总体介绍性的文章作为文末的跋语，并由布里松先生为中译本撰写新的前言。最近，他在中国人民大学整体上讲柏拉图的演讲录将会出版，我们还会推出其治学访谈录和论文集，也就是说，一两年内会有三部布里松的作品在中国译介出版。这应该是对这位古稀学者的肯定和尊重。希望年轻的学子能拾阶而上，从这样优秀的古典学和古代哲学学者身上学到治学和求知的门径。

　　因此，本书该献给布里松本人，感谢他对中国学者和学生们的支持和关心。

　　最后需要说明，本书是国家社会科学基金青年项目"早期柏拉图主义哲学文献翻译与研究"（项目编号：16CZX044）的阶段性成果之一。

　　谨以此书纪念望江柏拉图学园创办十周年。

梁中和
丁酉仲夏
成都，棕竹苑，杜若轩

图书在版编目(CIP)数据

柏拉图:语词与神话/[法]吕克·布里松著;陈宁馨译.
--上海:华东师范大学出版社,2020
 ISBN 978-7-5760-0390-1

Ⅰ.①柏… Ⅱ.①吕… ②陈… Ⅲ.①柏拉图(Platon 前427—前347)—哲学思想—研究 Ⅳ.①B502.232

中国版本图书馆 CIP 数据核字(2020)第 078150 号

华东师范大学出版社六点分社
企划人 倪为国

本书著作权、版式和装帧设计受世界版权公约和中华人民共和国著作权法保护

PLATON, LES MOTS ET LES MYTHES: Comment et pourquoi Platon nomma le mythe?
by LUC BRISSON
Copyright © Editions LA DECOUVERTE, Paris, France, 1982 (www.editionsladecouverte.fr)
Published by arrangement with Editions LA DECOUVERTE
Simplified Chinese Translation Copyright © 2020 by East China Normal University Press Ltd
All rights reserved
上海市版权局著作权合同登记　图字:09-2015-742 号

望江柏拉图研究论丛
柏拉图:语词与神话

著　者	[法]吕克·布里松(Luc Brisson)
译　者	陈宁馨
责任编辑	徐海晴
责任校对	王　旭
封面设计	吴元瑛
出版发行	华东师范大学出版社
社　址	上海市中山北路3663号　邮编　200062
网　址	www.ecnupress.com.cn
电　话	021-60821666　行政传真　021-62572105
客服电话	021-62865537　门市(邮购)电话　021-62869887
地　址	上海市中山北路3663号华东师范大学校内先锋路口
网　店	http://hdsdcbs.tmall.com
印刷者	上海盛隆印务有限公司
开　本	890×1240　1/32
印　张	7
字　数	120千字
版　次	2020年7月第1版
印　次	2020年7月第1次
书　号	ISBN 978-7-5760-0390-1
定　价	58.00元
出版人	王　焰

(如发现本版图书有印订质量问题,请寄回本社客户中心调换或电话021-62865537联系)